DEVOCIONAL PARA AQUELLOS QUE CUIDAN ENFERMOS TERMINALES, ANCIANOS O DISCAPACITADOS

ENCONTRANDO FORTALEZA A TRAVÉS DE LA FE

TERRY OVERTON

Traducido por Pamela Navarrete de Andrews

DEVOCIONAL PARA CUIDADORES DE ENFERMOS TERMINALES, ANCIANOS O DISCAPACITADOS

Encontrando Fortaleza a Través de la Fe

Terry Overton

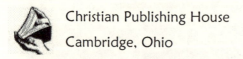

Christian Publishing House

Cambridge, Ohio

Christian Publishing House

Professional Conservative Christian
Publishing of the Good News!

CPH Since 2005

DEVOCIONAL PARA AQUELLOS QUE CUIDAN ENFERMOS TERMINALES, ANCIANOS O DISCAPACITADOS: Encontrando Fortaleza a Través de la Fe

Escrito por Terry Overton

Traducido por Pamela Navarrete de Andrews

ISBN-13: **9781729300558**

En todo os mostré que así, trabajando, debéis ayudar a los débiles, y recordar las palabras del Señor Jesús, que dijo: "Más bienaventurado es dar que recibir." Hechos 20:35

Queridos lectores:

Es posible que se hayan encontrado repentinamente en el papel de cuidador a tiempo completo o el cuidador principal de un familiar. Este rol es único porque está lleno de desafíos diarios que enfrenta al poner su propia vida en espera para cuidar a otro. Este libro devocional es único porque se enfoca en temas que los cuidadores enfrentan en su servicio diario a un ser querido. Estos temas son los experimentados por el autor y otros cuidadores de miembros de la familia. Los ejemplos de los temas incluyen comprender los informes de los médicos, la soledad cotidiana, mantener sus propios niveles de energía, largas noches, apoyo familiar y fe. Estos devocionales fueron escritos para aplicar a cuidadores de miembros de la familia con lesiones físicamente debilitantes, enfermedades terminales, deterioro mental y condiciones de por vida de niños discapacitados. El trabajo de un cuidador a largo plazo a menudo va sin un agradecimiento o reconocimiento. Este devocional sirve para satisfacer sus necesidades y para iluminar la importancia de su sacrificio. Su trabajo es muy apreciado.

Bendiciones para usted mientras continua su trabajo,

Terry Overton

Table of Contents

Terry Overton

Devocional para Cuidadores: Encontrar la Alegría en el Dolor

Los cuidadores de nuestros seres queridos a menudo son ignorados en el escenario de enfermedades a largo plazo, lesiones de por vida que hacen muy débil al familiar enfermo o enfermedades terminales. El trabajo del cuidador es fundamental y valioso. Cuidar a un ser querido con cáncer, la enfermedad de Alzheimer, una persona que sufrió una lesión que lo ha debilitado o un niño con una afección de por vida que requiere apoyo de tiempo completo puede agotar la energía y la compasión de cualquier cuidador. A menudo se le pregunta al cuidador sobre el paciente, pero rara vez la gente pregunta por el cuidador. Este libro está escrito para los cuidadores que trabajan día tras día para apoyar a un ser querido. El apoyo proporcionado puede ser apoyo espiritual o mental, apoyo físico para ayudarlo en el funcionamiento diario: llevar al paciente a sus citas médicas y terapias, sentarse en el hospital, alimentarlo, bañarlo y cualquier otro tipo de cuidado necesario para ayudar al individuo con condiciones crónicas o terminales. Si usted es cuidador, use este devocional para su propio apoyo espiritual. Si no es cuidador, pero conoce a alguien que esté haciendo este importante trabajo, ore por ellos y comparta este devocional con estas personas.

Nada es Igual: el Día que su Mundo Cambió

¿No te lo he ordenado yo? ¡Sé fuerte y valiente! No temas ni te acobardes, porque el Señor tu Dios estará contigo dondequiera que vayas. Josué 1:9

Josué estaba listo para entrar en la tierra prometida. Esta era su misión en la historia del pueblo elegido por Dios. Él sabía que el papel que debía desempeñar no era suficiente para que esto se concretara. Además de que Josué fuera escogido para esta misión, Dios lo instruyó. Él necesitaba conocer la palabra de Dios, ser fuerte y valiente. Así como Josué obedeció el mandato de Dios de ser fuerte y confiar en Él, Dios estubo con él mientras completaba la obra de Dios.

En el escenario anterior acerca del rol de Josué al ingresar a la tierra prometida, Josué conocía las expectativas y sabía que Dios estaría con él. Para aquellos que cuidan a otra persona con una enfermedad crónica o terminal, es probable que los planes no los conociera previamente. Tal vez se enteró de su nuevo papel como cuidador en el consultorio de un médico cuando a usted y a su ser querido se les dio el diagnóstico de la enfermedad. Puede recordar las palabras exactas que usó el médico para explicar lo que iba a suceder. Las palabras pueden repetirse en su mente una y otra vez durante bastante tiempo. Al principio, es posible que haya reaccionado con valentía y dispuesto a hacer lo necesario por ayudar a su ser querido. O bien, es posible que haya sentido el impacto directamente en su corazón. Es posible que haya sentido pánico o ansiedad. Es posible que haya ido a otros médicos en busca de otra opinión, y esa búsqueda resultó inútil. Diferentes personas procesan las noticias iniciales a su manera. Sin embargo, le dieron la noticia. Es posible que se haya dado cuenta en ese mismo momento, que nada volvería a ser lo mismo en sus vidas.

Al escuchar las noticias de su ser querido, fácilmente pudo haber sentido miedo. Tal vez no sabía qué hacer a continuación. Tal vez hizo algunas preguntas a toda prisa, pero las respuestas lo confundieron aún más. Intentó dar sentido a las noticias, pero fue difícil.

Al igual que Josué, debemos confiar en que Dios caminará a nuestro lado, al comienzo de este momento difícil. Leer las Escrituras nos proporcionará una guía. Necesitamos invocarlo por nuestra fortaleza. Su mundo puede haber cambiado, pero Dios nunca lo hará.

"Tú eres mi escondedero y mi escudo; en tu palabra espero." Salmos 119:114

El capítulo 119 del Salmo es el capítulo más largo de la Biblia. Este capítulo se enfoca en la importancia y suficiencia de la palabra de Dios. Es notable que el capítulo más largo de la Biblia nos dice acerca de la importancia de seguir la Palabra de Dios para guiar nuestras vidas. El Salmo anterior es un versículo que simplemente declara que Dios es el escondite y la protección de la tentación o de hacer actos incorrectos. Toda esperanza está en la palabra de Dios. Para aquellos que han recibido noticias inquietantes, puede sentirse tentado a viajar por un camino de tristeza y desesperación. Resista esa tentación y confíe en Dios para protección y fortaleza mientras trabaja en estos eventos en su vida.

Padre Celestial, Usted es mi esperanza y mi refugio en este momento difícil. Le pido fortaleza y comprensión a medida que avanzamos en esta nueva etapa de nuestras vidas. Guíeme con su palabra. Amén.

Informes Médicos

"Llevad los unos las cargas de los otros, y cumplid así la ley de Cristo." Gálatas 6:2

Durante el tiempo en que el Apóstol Pablo estaba formando nuevas iglesias y trayendo nuevos creyentes al Cristianismo, dio instrucciones a los creyentes acerca de cómo deberían vivir los Cristianos. En el versículo anterior, estaba hablando a los creyentes en Galacia. Pablo quería asegurarse de que estos nuevos creyentes entendieran que todos estamos aquí para ayudarnos unos a otros. Esto es lo que Jesús espera.

Para los cuidadores que apoyan a seres queridos con enfermedades crónicas, lesiones que lo han debilitado o enfermedades terminales, puede haber varias visitas al consultorio médico. Es posible que necesite llevar a su ser querido a varias citas y conocer a nuevos médicos. Su función puede incluir la organización de diferentes tipos de exámenes de diagnóstico. Después de estos exámenes y pruebas, los resultados se presentan en informes, resúmenes, imágenes y diagnósticos médicos. Los informes médicos pueden ser confusos en un momento en que la ansiedad aumenta. En este punto, un cuidador puede sentir que el personal médico se está moviendo demasiado rápido para procesar toda la información que se está acumulando en usted. Como cuidador, quiere ofrecer apoyo y palabras amables, pero como también está confundido e incluso asustado por lo que está escuchando, puede ser difícil apoyar alegremente a su ser querido que está enfermo.

"Señor, muéstrame tus caminos, y enséñame tus sendas. Guíame en tu verdad y enséñame, porque tú eres el Dios de mi salvación; en ti espero todo el día." Salmos 25:4-5

Cuando se sienta abrumado por las palabras, imágenes, páginas de informes, columnas de números y resultados de laboratorio, tome un respiro y haga una pausa para recopilar sus pensamientos. Los versículos del Salmo anterior son una solicitud de guía a Dios a través de la oración y las Escrituras. En este capítulo del Salmo, David le dijo a la gente cómo asegurarse de estar listos para recibir la palabra de Dios. Él sabía la importancia de usar el conocimiento de la palabra de Dios como guía. Esto sirve como un recordatorio de que orar a Dios por guía, leer las Escrituras y tomarse un tiempo para pensar sobre lo que está sucediendo, puede ayudar al cuidador y al paciente. Pídales a los médicos y otros profesionales médicos que expliquen o repitan sus comentarios para que usted pueda ayudar a su ser querido a entender los informes. Tener esta comprensión clara ayudará a tomar cualquier decisión que deba tomarse. No tenga miedo de hacer preguntas. Cuando le digan algo en términos que no comprenda, solicite al personal médico que defina los términos para que usted y su ser querido comprendan el significado. Tome notas y pida una aclaración. Recuerde que su papel, al igual que los Gálatas y todos los Cristianos, es servir a los demás.

Padre Celestial, ayude a los médicos que nos brindan información para que podamos encontrar las intervenciones adecuadas para esta enfermedad o condición. Concédanos la fuerza y la paciencia para buscar el camino correcto. Amén.

Incredulidad

"No temas, porque yo estoy contigo; no te desalientes, porque yo soy tu Dios. Te fortaleceré, ciertamente te ayudaré, sí, te sostendré con la diestra de mi justicia." Isaías 41:10

En el versículo de arriba, Isaías le dice al pueblo de Israel que Dios siempre está con ellos, incluso en su lucha. El pueblo de Israel había pasado por muchas pruebas y aún no estaba en la tierra que Dios más tarde les ayudaría a recuperar. Durante el tiempo de angustia para el pueblo de Dios, Isaías le recuerda a la gente que toda su fuerza proviene de Dios y que Él continúa observando y cuidándolos. Incluso en los peores momentos, orar por fortaleza brindará apoyo a aquellos que están asustados.

Al escuchar noticias trágicas que cambiaron su vida y la vida del paciente, su primera reacción puede ser de incredulidad absoluta. Puede buscar otras respuestas. Puede buscar en Internet a un experto o leer sobre diagnósticos o terapias. Cuando escuchó el diagnóstico, es posible que usted y su ser querido no hayan creído lo que le dijeron. Tal vez sintió conmoción, tristeza, ira, miedo, ansiedad y desesperanza. El versículo anterior nos recuerda que incluso en los tiempos de mayor dificultad, Dios no nos dejará. Podemos contar con Dios para obtener fortaleza y apoyo. Podemos orar juntos y pedir que Dios nos tenga a cada uno en su mano.

"El Señor irá delante de ti; Él estará contigo, no te dejará ni te desamparará; no temas ni te acobardes." Deuteronomio 31:8

Cuando Moisés no pudo continuar, le entregó el rol de liderazgo a Josué. Él le dijo a Josué que no debía tener miedo porque Dios no lo dejaría, y que no debería desanimarse. Puede haber ocasiones en que usted, como cuidador, deba tomar la iniciativa de su ser querido. Es posible que usted haga las preguntas y haga arreglos para las citas médicas. Es posible que usted sea el que finalmente decida cuándo ya no podrá ocuparse del ser querido. Usted puede administrar tratamientos y medicamentos. A medida que usted y su ser querido entren en una parte desconocida de su futuro, no se desanimen. El camino puede ser nuevo, pero no viajará solo. No tema.

Padre celestial, por favor danos la fuerza que necesitamos para viajar por este nuevo camino de nuestras vidas. Ayúdenos a comprender las circunstancias y encontrar las mejores respuestas a nuestras preguntas. Gracias por estar siempre a nuestro lado. Amén.

¿Por Qué? La Pregunta no Respondida

"Confía en el Señor con todo tu corazón, y no te apoyes en tu propio entendimiento." Proverbios 3:5

"Porque como los cielos son más altos que la tierra, así mis caminos son más altos que vuestros caminos, y mis pensamientos más que vuestros pensamientos." Isaías 55:9

La Biblia incluye muchos versículos en el Antiguo y el Nuevo Testamento que nos instan a confiar en que el conocimiento de Dios es mayor que el nuestro. De hecho, no podemos saber cómo piensa Dios y por qué las cosas suceden como lo hacen. El primer versículo arriba está escrito en Proverbios dentro de un capítulo que se enfoca en la sabiduría y cómo nos ayudará a vivir en nuestro mundo. Aquí, la sabiduría significa una comprensión de la imagen completa de Dios, su plan y nuestro lugar en ese plan. Esto no significa que tengamos la sabiduría de Dios, sino que debemos estudiar la sabiduría en la Biblia para aprender y respetar la sabiduría de Dios. Este tipo de sabiduría puede guiarnos en nuestra vida cotidiana. Confiemos en la sabiduría presentada en la Biblia.

El versículo anterior de Isaías fue escrito para advertir al pueblo de Israel de que ellos no saben cómo piensa Dios y, por lo tanto, no pueden planificar como si supieran cómo planea Dios. No podemos conocer el plan final que Dios tiene para nosotros. Solo podemos confiar en que la sabiduría de Dios es mayor que la nuestra.

Cuando escuchó la noticia del importante desafío médico que enfrenta su ser querido, es posible que haya pasado incontables horas preguntándose por qué. ¿Por qué nosotros? ¿Por qué pasó esto? ¿Qué lo causó? ¿Podríamos haber hecho algo diferente? ¿Pudo haber sido prevenido? Al pensar en estas preguntas, es importante entender que en toda la ciencia médica, las razones para que ocurra una enfermedad o condición generalmente son desconocidas o, en el mejor de los casos, puede existir una suposición acerca de por qué se desarrolló la enfermedad. ¿Por qué una persona que lleva un estilo de vida particular, como fumar o comer en exceso, contrae una enfermedad cuando otra persona, con el mismo estilo de vida, no lo hace? ¿Por qué un niño nace con una condición y otro no? ¿Por qué una persona conduciendo por un camino cubierto de hielo tiene un accidente cuando miles no lo hacen? A menudo hay muchos factores que contribuyen para que suceda un accidente, o al desarrollo de una enfermedad o trastorno, y estos factores deben programarse de la misma manera para que ocurra la afección o el incidente.

Pero, si sabemos la razón ¿va a hacer una diferencia en el apoyo al ser querido con esta afección? Probablemente no, en absoluto. De hecho, preocuparse por encontrar respuestas a nuestras preguntas pueden agotar toda la energía mental, espiritual y física directamente de una persona. En vez de preocuparse por el motivo de lo acontecido, debe volver sus pensamientos hacia Dios y pedirle Fortaleza.

"Buscad al Señor y su fortaleza; buscad su rostro continuamente." 1 Crónicas 16:11

Este versículo nos instruye siempre a buscar a Dios pidiendo su fortaleza. Esto significa que alabamos a Dios y pedimos vigor en tiempos difíciles. En lugar de buscar siempre las respuestas a las preguntas sobre por qué, busque la fortaleza de Dios continuamente.

Padre Celestial, le pedimos su fortaleza y sabiduría para ayudarnos a enfrentar diariamente los desafíos que se nos presentan. Gracias por estar con nosotros durante este tiempo. Amén.

Cruzando el Mar Turbulento

"Cuando pases por las aguas, yo estaré contigo, y si por los ríos, no te anegarán; cuando pases por el fuego, no te quemarás, ni la llama te abrasará." Isaías 43:2

Este versículo de Isaías nos recuerda que, así como Dios protegió a su pueblo amado, los israelitas, Él estará con nosotros durante los momentos difíciles. Dios les dijo a los israelitas que no importaba por lo que tuvieran que pasar, Él estaría allí. No serían destruidos por el agua o las llamas.

Como cuidador, realmente puede sentir que está cruzando un mar turbulento o caminando a través de un incendio en un día determinado. Tendrá días de completo cansancio, pero pondrá una sonrisa porque está sirviendo y ayudando a su ser querido. Tendrá días en los que preferiría estar haciendo casi cualquier cosa que no sea sentarse junto a la cama de un hospital. Puede soñar despierto con hacer un viaje a una isla tropical en lugar de conducir hasta la oficina de oncología, al centro de rehabilitación o al centro de atención de la memoria. Se cansará mientras espera para llevar a su ser querido a casa despues de un tratamiento de quimioterapia o de un centro de diálisis. En estos días, se preguntará cuánto tiempo más puede continuar. Y meses o años después, puede darse cuenta de que en este día en particular, solo había comenzado este viaje a largo plazo como cuidador.

¿Qué puede hacer ahora para darse fuerza? ¿Para mantener su perspectiva fresca? ¿Poner la sonrisa y preguntar alegremente a su ser querido qué les gustaría comer para el almuerzo? ¿Para cambiar alegremente la ropa de cama o lavar la ropa?

"He aquí, Dios es el que me ayuda; el Señor es el que sostiene mi alma." Salmos 54:4

Tendrá que escabullirse unos momentos cada día para sentarse en silencio, tomar una respiro profundo y estar con Dios. No se sienta egoísta al encontrar estos pocos momentos para usted. Para cuidar a su ser querido, primero deberá cuidarse a sí mismo. Su mente y cuerpo requerirán solo unos momentos de silencio en el caos. Si es posible, haga de esto una rutina cada día y luego, si puede, tome momentos adicionales cuando los necesite durante el día. Este tiempo puede ayudarle a recargar su batería. Tómese un momento, diga una oración pidiendo fortaleza y agradezca a Dios que puede ayudar a su ser querido.

Padre Celestial, una vez más le pido que restaure mi alma. Por favor, deme la fuerza y la energía que necesito para ayudar a mi ser querido a lo largo de este día. Gracias por proporcionarme la fuerza espiritual para ayudar a mi ser querido hoy. Amén

Una Luz en la Oscuridad

"Este es el día que el Señor ha hecho; regocijémonos y alegrémonos en él." Salmos 118:24

Cuando lea el versículo anterior, es posible que no sienta la alegría y el gozo. Pero es cierto que, dado que lo está leyendo, ha sido bendecido con otro día. Cómo será ese día, solo Dios sabe. Pero sabemos que una cosa es cierta: Dios, como creador y dador de todos los dones, le ha proporcionado otro día. Los cuidadores pueden no sentir lo que está reservado para el día. Es posible que el cronograma haya sido planeado, pero luego, cuando reflexiona sobre el día, se da cuenta de que resultó diferente. Al acostar a su cansado cuerpo en la cama, los pensamientos de por qué el día terminó como lo hizo girarán en su mente.

El camino que recorre un cuidador suele ser de complejos giros y vueltas. Es complicado porque su mundo ahora lo comparte con un ser querido de una manera para la que no estaba preparado. Antes de la aparición de la enfermedad, discapacidad o afección, su vida era más directa. Ahora, puede sentir que está viajando en un laberinto en lugar de bajar por una carretera cuidadosamente pavimentada.

Si recién está comenzando este viaje, puede estar seguro de que no viajará por su cuenta. Dios siempre está allí y le proporcionará fortaleza y guía cuando usted se lo pida. Si ha estado en este viaje por algún tiempo, probablemente haya tenido días en los que sintió que apenas podía atender las demandas del enfermo. Recordar que Dios es su luz cuando golpea baches en el camino, le dará ánimo cada día. Su amor es más fuerte y más consistente que cualquier otro amor que podamos experimentar. No importa qué pruebas, aflicciones o bendiciones encuentre, Dios sabe, vela y le ama.

Por más que lo intente, la preocupación puede aparecer. La preocupación es a menudo una gran parte de ser un cuidador. Se preocupa por todo: si el médico le dará las noticias que quiere escuchar, si el medicamento o la cirugía serán efectivos, o si la comida que preparó para su ser querido no afecte su estómago. Hay muchas preocupaciones a su alrededor. Pero en medio de toda la preocupación y la oscuridad que pueda sentir de vez en cuando, recuerde siempre el amor que Dios tiene por usted y su ser querido. Usted nunca tiene que dudar acerca del amor de Dios.

"En el amor no hay temor, sino que el perfecto amor echa fuera el temor, porque el temor involucra castigo, y el que teme no es hecho perfecto en el amor." 1 Juan 4:18

El versículo anterior nos recuerda que el temor no está asociado con el amor de Dios. Comprender y confiar en el amor de Dios aliviará nuestros temores. El Apóstol Juan les dijo a los lectores de esta carta que el temor está asociado con el castigo y que el amor de Dios está más allá de cualquier temor. Dios puede aliviar el miedo, aliviar la preocupación y proporcionarle luz para que pueda soportar cualquier lugar oscuro en su viaje.

"Pero alégrense todos los que en ti se refugian; para siempre canten con júbilo, porque tú los proteges; regocíjense en ti los que aman tu nombre." Salmos 5:11

Debido a que Dios alivia nuestras preocupaciones y temores, podemos regocijarnos. Sabemos que Dios nos protegerá y que los eventos que le han sucedido a usted y a su ser querido son parte de un plan más amplio que solo Dios conoce y entiende. Como cuidador, puede pedir fortaleza y protección en cualquier momento. Pida calma. Pida paz, Dios escuchará.

Padre celestial, gracias por su amor constante. Ayúdeme a recordar su amor y a hacer crecer mi fe como parte del viaje como cuidador. Por favor, guíeme para ayudar a mi ser querido. Amén.

Los Ojos Miran Pero no Entienden

"Porque por fe andamos, no por vista." 2 Corintios 5:7

Cuando Pablo se dirigió al pueblo de Corinto, quiso estar seguro de que entendían que nuestra meta final es estar con Cristo espiritualmente en lugar de ser consumidos por preocupaciones terrenales. Él estaba hablando aquí a los nuevos creyentes, para que ellos pudieran entender que al haber aceptado a Cristo, eventualmente estarían con Cristo en el cielo. Pablo era conocido como un Apóstol con gran habilidad para enseñar y hablar. Como parte de esta tarea, quería asegurarse de que los demás lo entendieran por completo.

A medida que pasa tiempo con su ser querido, todos los días, apoyando sus necesidades, es posible que tenga momentos en que note que ellos no entienden lo que está sucediendo. Es posible que un ser querido con la enfermedad de Alzheimer lo mire, pero usted no pueda entenderlo. Un ser querido que ha sufrido un derrame cerebral puede mirarlo pero no comprender las palabras que usted dice o no puede responderle. Un niño con una condición de trastornos del desarrollo puede no entender todo lo que está sucediendo en su mundo. Un ser querido con discapacidad permanente que sufre daño cerebral, puede no ser capaz de comprender como lo hacía antes del accidente. Tal vez su ser querido no puede recordar nada de lo que acaba de suceder, incluidas las palabras que acaba de pronunciar. Algunos medicamentos pueden hacer que su ser querido interactúe de manera diferente o que no interactúe en absoluto.

Estas dificultades para comprender y comunicarse pueden dejar a los cuidadores con una sensación de soledad. Si realmente quiere satisfacer las necesidades de su ser querido, es inquietante cuando no puede comunicarse de una manera en que ellos puedan comprender. Puede que tenga dificultades para saber qué quieren comer, a dónde quieren ir y qué quieren hacer a continuación.

"Ahora bien, la fe es la certeza de lo que se espera, la convicción de lo que no se ve." Hebreos 11:1

En el versículo de Hebreos, a las personas se les dijo que nuestra fe necesita ir más allá de lo que vemos. La verdadera fe significa que también creemos en cosas que no se pueden ver. Cuando está viviendo, no puede ver el cielo. Pero creer en la existencia del cielo es una señal de su fe, de su verdadera creencia en Dios y en la gracia que se nos da a través de Cristo. Al igual que las personas con las que Pablo habló durante su tiempo de llevar personas a Cristo, nosotros también, como cuidadores debemos tener fe. Es posible que nuestro ser querido no pueda responder o comprender como antes, pero tenemos fe en que nuestro amor por nuestro miembro de la familia nos guiará para satisfacer sus necesidades. Tal vez no puedan contarle sus pensamientos, pero usted conoce sus necesidades y puede orar por una guía para satisfacerlas.

Padre celestial, gracias por su fortaleza para ayudarme a satisfacer las necesidades de mi ser querido. Por favor, guíeme para saber lo que es mejor y para hacer lo que mi ser querido quiere. Amén.

¿Estoy Solo?

"Sed firmes y valientes, no temáis ni os aterroricéis ante ellos, porque el Señor tu Dios es el que va contigo; no te dejará ni te desamparará." Deuteronomio 31:6

En el versículo anterior, Moisés le dice a Josué que no se desanime porque Dios siempre está con él. Más que eso, Moisés le dice a Josué que no debe temer al futuro porque Dios estará allí con Josué y los israelitas. El mensaje de que Dios está con su pueblo elegido, guiándolos, fortaleciéndolos, es un tema común en el camino hacia la tierra prometida.

Usted también está en un viaje que estará lleno de decepciones, desafíos y celebraciones. A veces, puede sentir que Dios lo ha dejado. Puede sentirse aislado de todos y de todo lo que había antes de que su ser querido enfermara. Al igual que Moisés, tendrá que orar y tener conversaciones con Dios sobre sus miedos y desafíos que enfrenta. No está solo, pero debe recordarse a sí mismo que Dios siempre está con usted, sin importar lo que esté pasando.

Su ser querido también puede sentirse aislado y que a nadie le importa su bienestar. Aquí hay otro desafío para usted: satisfacer las necesidades de su ser querido, para que no se sienta solo. Juntos, pueden superar los momentos difíciles y regocijarse cuando tienen pequeñas victorias y celebrar por el progreso o los tiempos de paz.

"¿Sufre alguno entre vosotros? Que haga oración. ¿Está alguno alegre? Que cante alabanzas." Santiago 5:13

El versículo anterior fue escrito por Santiago, el hermano de Jesús. Él se dirigía a los creyentes, les enseñaba para que ellos aprendieran más acerca de su fe, para que no pudieran ser apartados por aquellos que desafiaban su fe. En esta parte del capítulo, les dice a los creyentes que si están enfermos o sufriendo, ore por ayuda y cuando las cosas están alegres, deben alabar a Dios por eso. Es posible que sus momentos felices no sean tan abundantes como en el pasado, pero notará estos momentos. Al ver a su ser querido en la condición en que está, puede hacer que preste más atención a las pequeñas cosas en la vida que traen alegría. Quizás una vez que comiencen las terapias o los tratamientos, tendrá días en los que podrá quedarse en casa y descansar. Estos son los días para encontrar algo simple y alegre de apreciar. Cuando note estas pequeñas alegrías, compártalas con su ser querido y agradezca esos momentos durante el tiempo de mayor estrés.

Padre Celestial, sabemos que Usted está con nosotros todos los días aunque a veces lo olvidemos. Ayúdenos a recordar que está a nuestro lado. Gracias por las pequeñas alegrías que nos brinda todos los días. Amén.

Preguntándose Acerca de sus Pensamientos

"Estad quietos, y sabed que yo soy Dios; exaltado seré entre las naciones, exaltado seré en la tierra."
Salmos 46:10

Este Salmo parece ser un mensaje pacífico cuando se lee como un solo pasaje. Lo que debemos recordar es que esto fue escrito para transmitir que, sin importar qué otras batallas estaban sucediendo en ese momento entre las personas o naciones, Dios finalmente sería victorioso y protegería y salvaría a todos los que creyeran en Él. Dios siempre será el que esté a cargo. Este pasaje fue escrito para ofrecer paz y un sentido de refugio para aquellos que tienen miedo a los eventos terrenales.

Los cuidadores se preocupan. Los cuidadores tienen miedos. Los cuidadores hacen llamadas telefónicas, proporcionan transporte, proporcionan alimento y, a menudo ayudan a cuidar las necesidades físicas diarias del enfermo. Durante gran parte del tiempo, los cuidadores se preguntan qué estará pensando su ser querido. ¿Está preocupado? ¿Tiene ansiedades? ¿Está triste por su estado actual? ¿Se preocupa por el cuidador? ¿Alberga culpa por lo que le ha sucedido? ¿Está enojados o molesto por todas las citas y planes médicos y la dependencia de los demás?

Algunos cuidadores pueden asumir que saben lo que piensa su ser querido. O, en otras ocasiones, el cuidador puede no tener idea de qué está pasando por su mente. Si usted siente que entiende todo lo que siente su ser querido, o si está completamente a oscuras, es útil hablar de esto con el ser querido siempre que pueda. Si su ser querido puede responder, encontrará que sus respuestas son útiles. Si no puede responder, no dude que su cuidado amoroso dará como resultado la tranquilidad de ambos.

"La paz os dejo, mi paz os doy; no os la doy como el mundo la da. No se turbe vuestro corazón, ni tenga miedo." Juan 14:27

Jesús habló estas palabras a sus discípulos no mucho tiempo antes de ser entregado para ser crucificado. Quería que sus discípulos supieran que no tenían que temer lo que estaba por suceder porque se les concedería la paz durante este momento de agitación. También quería que entendieran que la paz de la que Él hablaba era diferente a cualquier paz que hubieran experimentado antes. Esta paz fue la paz otorgada a través del Espíritu Santo y no la paz de esta tierra.

Para los cuidadores que a menudo se preocupan por lo que piensa su ser querido, es útil recordar que la paz que ganamos al ser Cristianos es la paz más grande, más que cualquier cosa que podamos experimentar en la tierra. Esta paz va más allá de la paz y comprensión mundana. Ore para que su ser amado también encuentre paz incluso en su sufrimiento.

Padre Celestial, gracias por proporcionarnos una paz que es mayor que cualquier paz mundana. Por favor, recuérdenos que, aunque es posible que no siempre conozcamos los pensamientos de nuestro ser querido, sabemos que usted se preocupa por nosotros y nos dará la fortaleza para continuar con nuestra vida cotidiana. Por favor, ayude a mi ser querido a sentir su paz. Amén.

Luchando Físicamente para Hacer las Cosas Básicas de la Vida

"Y dijo también al que le había convidado: Cuando ofrezcas una comida o una cena, no llames a tus amigos, ni a tus hermanos, ni a tus parientes, ni a tus vecinos ricos, no sea que ellos a su vez también te conviden y tengas ya tu recompensa. Antes bien, cuando ofrezcas un banquete, llama a pobres, mancos, cojos, ciegos, y serás bienaventurado, ya que ellos no tienen para recompensarte; pues tú serás recompensado en la resurrección de los justos." Lucas 14:12-14

La Escritura anterior es de una historia contada por Jesús para informar a sus oyentes que no deben preocuparse por la clase o categoría de los invitados o invitar solo para que ellos puedan devolver la invitación. Más importante aún, Jesús contó esta historia para informar a sus oyentes de la importancia de prestar servicio a los necesitados que no pueden pagar el favor. Jesús usó los ejemplos de invitar a personas con discapacidades, personas que eran demasiado pobres para devolver el dinero y personas ciegas. Hizo notar a sus oyentes que el servicio de este tipo era más importante que nuestra propia ganancia que recibimos cuando nos la devuelven. En otras palabras, el servicio en el que no espera recibir el reembolso es el servicio más honorable que puede hacer.

Su ser querido puede tener una condición que debilita su cuerpo hasta el punto de que no puede moverse por sí mismo. Tal vez tuvo un derrame cerebral y tendrá que aprender a caminar nuevamente si es posible. Tal vez sufre de cáncer que requiere tratamientos que debilitará más su cuerpo. Tal vez el Alzheimer ha robado lentamente su fuerza y habilidades físicas. Tal vez un niño tiene una discapacidad del desarrollo que requiere múltiples cirugías o está discapacitado de por vida. Todos estos escenarios presenta una persona que está luchando físicamente para moverse. Como cuidador, usted será quien lo sostenga cuando realice sus necesidades físicas, lo ayudará cuando camine o lo transportará de un lugar (silla) a otro (cama).

Al utilizar a los enfermos en la historia, Jesús les hizo saber cuán importante es este trabajo. De hecho, es tan importante que Jesús dijo que cuando involucras a estas personas y las incluyes cuando sirves a Dios, eres considerado uno de los justos.

"No buscando cada uno sus propios intereses, sino más bien los intereses de los demás." Filipenses 2:4

Durante su ministerio, el Apóstol Pablo sufrió a menudo, y sufrió duramente. Sin embargo, aunque padeció mucho, no se detuvo por un momento a pensar que no debería servir a Cristo. Sabía que su sufrimiento era para una mayor alegría. Él le dijo a la gente de Filipos que la alegría final era a través de Jesucristo. Pablo escribió esta carta mientras estaba sufriendo, en prisión. Los cuidadores deberían animarse al saber que cuidar los intereses de los demás es una expectativa primaria de todos los Cristianos. Ayudar a aquellos que no pueden ayudarse a sí mismos lo acercará más a Dios y al gozo que Pablo conoció en Jesucristo.

Padre Celestial, gracias por las oportunidades que me ha brindado para servir a los demás. Sé que mi ser querido depende de mí para ayudarle en todo lo que necesita. Guíeme y proporcione la fortaleza que necesito para servir a los demás. Amén.

Soledad Todos los Días

"Sed de espíritu sobrio, estad alerta. Vuestro adversario, el diablo, anda al acecho como león rugiente, buscando a quien devorar." 1 Pedro 5:8

Pedro escribió esta carta a los nuevos creyentes para proporcionar instrucciones sobre la fe Cristiana. En este pasaje, le preocupaba que las personas que no confiaban plenamente en Dios se desviarían de su fe y se comportarían como no creyentes. Su deseo era proporcionar fortaleza y recordarles a los nuevos creyentes que su papel es mantenerse alerta a la vida y las expectativas Cristianas. Advirtió a la gente que si no prestaban mucha atención, se apartarían de su fe.

Los cuidadores pueden sentirse aislados y no ser apoyados por sus amigos y familiares. Cuando sienta la tentación de sentirse triste, solo o abrumado y con exceso de trabajo, piense que Dios está con usted siempre. Dedique unos momentos a orar y luego pregúntese a si mismo acerca de sus pensamientos. ¿Parece que muchos de sus pensamientos son negativos? ¿Siente que está empezando a arrepentirse de ser el cuidador principal de su ser querido? ¿Siente que puede comenzar a disgustarse con su ser querido? ¿Está plagado de pensamientos de pasar tiempo lejos de este ser querido? ¿Siente que no hay nadie que pueda ayudarle? ¿Se siente completamente solo? ¿Está irritable con su familiar enfermo? Estos pueden ser indicios de que necesita un descanso para recuperar su fuerza y energía para cuidar a su ser querido.

Tener este tipo de pensamientos no significa que ame menos a su familiar. Este tipo de pensamientos no lo convierte en "mala persona". Debe reconocer estos pensamientos. Una vez que esté consciente de estos pensamientos, puede estar atento si se vuelven a manifestar, al igual que Pedro les dijo a los nuevos creyentes que estén atentos. Estar conscientes de éstos, puede llevarlo a realizar algunas acciones que ayudará a regenerar su energía. Tal vez solo necesite dar un pequeño paseo afuera para sentir el aire fresco y observar las maravillosas creaciones de Dios. Pasar unos minutos mirando un atardecer o un amanecer puede tener un impacto poderoso e inspirador. Ver a los niños jugando en el parque, ver a los otros miembros de su familia y hablar de otros temas también puede proporcionarle un respiro y energía recargada. Para este tipo de actividades breves, su ser querido puede unirse a usted, o puede pedirle a un familiar o amigo que se quede con su ser querido durante una hora. Este breve tiempo lejos puede brindarle una sensación de renovación.

"Regocíjense y alégrense en ti todos los que te buscan; que digan continuamente: ¡Engrandecido sea el Señor! los que aman tu salvación." Salmos 40:16

Este pasaje del Salmo nos recuerda que aquellos que buscan a Dios se regocijarán y sentirán que tienen refugio en el Señor. Cuando se sienta estresado y necesite tomarse unos minutos o más para estar solo y tener un tiempo alejado de su ser querido, recuerde que Dios también estará con usted en ese momento. Podemos regocijarnos sabiendo que Él siempre está con nosotros.

Padre celestial, gracias por estar siempre con nosotros cuando estamos cansados y cuando trabajamos para servirle. Gracias por ayudarnos a encontrar un poco de tiempo para renovar nuestro espíritu. Continúe dándonos fuerza. Amén.

Esperanza

"Porque en esperanza hemos sido salvos, pero la esperanza que se ve no es esperanza, pues, ¿por qué esperar lo que uno ve? Pero si esperamos lo que no vemos, con paciencia lo aguardamos." Romanos 8:24-25

El Apóstol Pablo escribió este versículo en su carta a los nuevos creyentes en Roma. Transmitió gran parte de la doctrina Cristiana en las cartas que escribió a los creyentes en las iglesias recién establecidas. En esta parte de la carta, él está explicando lo que ahora conocemos como la Salvación en el Reino de Dios. Sabemos que esto sucederá. Esperamos el día en que conozcamos completamente la vida eterna en el cielo. Pero no podemos ver esto todavía. Sabemos que nos espera y debemos ser pacientes.

En su función de cuidador, conoce muchos períodos de espera. Está esperando los informes del médico, los resultados de los exámenes médicos, la confirmación del pago del seguro médico y la espera en las habitaciones de los hospitales y en los consultorios médicos. A menudo su espera incluirá la esperanza. Espera que el informe del doctor muestre buenos resultados; usted espera que el medicamento esté funcionando, espera que su ser querido aprenda a caminar o hablar de nuevo.

Como el versículo anterior nos recuerda, esperamos lo que aún no sabemos. Un problema con nuestra esperanza terrenal es que aumenta la probabilidad de que también tengamos preocupaciones. La preocupación puede llevar a la ansiedad. Este tipo de esperanza / preocupación / ansiedad no es útil para usted o su ser querido. En lugar de tener estos pensamientos recorriendo en su mente día y noche, puede convertir la esperanza de las cosas terrenales en oración. Ore para que usted y su ser querido confíen en Dios y sientan la paz que solo la fe puede proporcionar.

"Y ahora, Señor, ¿qué espero? En ti está mi esperanza." Salmos 39:7

David, el salmista, escribió este versículo como parte de un desesperado ruego de alivio. David tuvo muchas pruebas, incluso ser perseguido y por el Rey Saúl. David sintió que estaba siendo probado por Dios y pidió la ayuda de Dios para superar su situación. David, el salmista, escribió este versículo como parte de un desesperado clamor por alivio. Él se da cuenta en el versículo anterior que solo Dios puede ayudarlo, pero también sabe que puede tener que esperar esa ayuda. Mientras tanto, colocó toda su esperanza en Dios. Él sabía que solo Dios lo ayudaría en este tiempo de prueba.

Vemos que con este ejemplo, poner nuestra esperanza completamente en Dios nos traerá ayuda en tiempos de prueba. Puede ser que tengamos que esperar pacientemente por la ayuda. La esperanza también puede traer paz a su mente cuando esperar le pone ansioso. Cuando se encuentra esperando y preocupado, es mejor que deposite toda su confianza en su fe en Dios.

"Mas yo esperaré continuamente, y aún te alabaré más y más." Salmos 71:14

Padre celestial, gracias por darnos la paz para aliviar nuestra preocupación. Por favor, ayúdeme a acudir a Usted en busca de esperanza cuando estoy esperando. Amén.

Tristeza

"Cercano está el Señor a los quebrantados de corazón, y salva a los abatidos de espíritu." Salmos 34:18

El versículo anterior dice simplemente que Dios puede salvarnos del espíritu de tristeza que habita en nuestros corazones cuando nos sentimos deprimidos. Al ser un cuidador de tiempo completo o altamente involucrado de un individuo que depende de usted, a veces sentirá una gran tristeza. Como la persona a la que cuida es un familiar cercano, cónyuge u otra persona con la que tiene una relación importante, se sentirá triste por su estado. También puede sentir una gran angustia porque extraña cómo eran las cosas en el pasado cuando su ser querido podía participar plenamente en la vida. Es fácil seguir el camino de la desesperación hasta llegar a ese destino de la depresión. Esté atento a cualquier señal de que está encaminándose hacia el abismo de la desesperanza. Si siente que la tristeza se está apoderando de su vida, consulte el devocional sobre la depresión. Si usted no puede vencer su soledad a través de las Escrituras y la oración, infórmeselo a su pastor o a un consejero de inmediato. Estarán dispuestos a ofrecerle el apoyo que necesita en ese momento.

Aunque puede sentirse triste, hay mucho por lo que estar agradecido. Dar gracias es una excelente manera de levantar el ánimo. Nos ayuda a no solo pensar en las cosas malas que han sucedido sino a pensar en las abundantes bendiciones que hemos recibido.

"Afligidos en todo, pero no agobiados; perplejos, pero no desesperados; perseguidos, pero no abandonados; derribados, pero no destruidos." 2 Corintios 4:8-9

Los versículos de 2 Corintios fueron escritos por Pablo a los nuevos creyentes en Corinto. Le está diciendo a la gente que las cosas están mal, es verdad, pero las cosas no son imposibles. Pablo les recuerda a los creyentes que aunque están en un mal lugar, no están solos y que no necesitan temer porque Cristo ha vencido a la muerte. Como Cristianos, sabemos que esto es verdad, y tenemos fe en que nosotros también estaremos con Cristo al final.

Durante las semanas, meses o años en que usted será cuidador, cuando tenga episodios de tristeza, recuerde que nuestra esperanza y nuestra fe están en Cristo. Mientras pasa tiempo con su ser querido, esté agradecido a Dios por traer al individuo a su vida. Sea agradecido por el tiempo que pasan juntos y aproveche las oportunidades para que su ser querido sepa que está contento de que esté con usted ahora. Puede ser útil hacer una lista de todas las cosas que a usted y a su familiar les gusta hacer juntos. También puede resultar beneficioso escribir una lista de las muchas bendiciones que comparten usted y su ser querido. Cuando hable con su ser querido, mencione estas actividades y recuerdos para alegrar su espíritu y levantar el suyo también. Si es posible, planee hacer algo agradable dentro de uno o dos días y disfrute de compartir sus planes con su ser querido.

Padre celestial, sabe cómo me duele el corazón por mi familiar. Usted sabe la tristeza que siento a veces. Por favor ayude a mi espíritu y deme fuerzas para que podamos disfrutar de nuestro tiempo juntos. Gracias por traer a mi ser querido a mi vida. Amén.

¿A Quién Recurrir?

"Para que sean alentados sus corazones, y unidos en amor, alcancen todas las riquezas que proceden de una plena seguridad de comprensión, resultando en un verdadero conocimiento del misterio de Dios, es decir, de Cristo." Colosenses 2:2

Cuando Pablo escribió esta carta, le preocupaba que algunas de las nuevas congregaciones de creyentes podrían haberse alejado de la verdadera doctrina y haber escuchado enseñanzas falsas. ¿Por qué es esto importante para usted como cuidador? Pablo escribió esta parte de la carta enfatizando que el amor y el compañerismo que los creyentes sentían los unos hacia los otros y hacia Cristo sería lo suficientemente fuerte como para ahuyentar cualquier creencia falsa. Sentía que las conexiones que los nuevos creyentes tenían entre sí funcionarían para la gloria de Cristo y la difusión del Cristianismo.

Este fuerte compañerismo de los Cristianos hacia otros Cristianos sigue permaneciendo hoy. A menudo, cuando los Cristianos necesitan apoyo y ayuda, pueden recurrir los unos a los otros. ¿Por qué? porque todos tenemos la misma visión Cristiana. Todos entendemos la gracia de Dios y cuánto nos ama. Esta es una base sólida que apoya a los creyentes cuando se acercan unos a otros y también está en el trabajo cuando necesitamos pedir ayuda.

Como cuidador, es probable que conozca a muchos profesionales de la terapia médica, psicológica y física. Todos estos profesionales tienen algo que ofrecer. Con el fin de sentir una conexión real, si es posible, averigüe cuáles de los profesionales son Cristianos, ellos pueden apoyarlo con una cálida hermandad y cuidado.

Conectarse con otros Cristianos, ya sea para asistencia médica o transporte, nutrición u otro tipo de necesidades, es importante por otra razón. Jesús hizo la siguiente declaración que está registrada en Mateo:

"Porque donde están dos o tres reunidos en mi nombre, allí estoy yo en medio de ellos." Mateo 18:20

Como dice el versículo anterior, cuando hay dos o más creyentes juntos, también está Cristo. En este momento de estrés debido a las múltiples demandas que se le imponen, será muy alentador saber que cuando los Cristianos están juntos para lograr algo, o simplemente para apoyarse mutuamente, Cristo también está allí. Jesús quería que sepamos que sentir la presencia del Espíritu Santo dentro de dos personas que están en comunión significa que Cristo está presente. Esto le dará fuerza y tranquilidad.

Padre celestial, le agradecemos mucho por enviar a su Hijo a quitar nuestros pecados. Sabemos que nos ama y que está presente para apoyarnos en nuestro momento de necesidad. Amén.

¿Cómo Puede Hablarle a la Gente?

"Por tanto, alentaos los unos a los otros, y edificaos el uno al otro, tal como lo estáis haciendo." 1 Tesalonicenses 5: 11

En otra carta de Pablo, escribió a los nuevos creyentes que deberían apoyarse mutuamente y hablar entre ellos, con el propósito de animarse unos a otros. Él sabía que siendo positivo los unos con los otros, la iglesia se fortalecería porque la fe de los creyentes se fortalecería también. Sintió que las iglesias fuertes y los miembros fuertes harían crecer el Cristianismo en toda la región. Esta es una razón por la cual el Cristianismo se extendió tan rápidamente durante ese período de tiempo. La fuerza de las congregaciones ayudó a difundir el evangelio.

Durante los días en que usted ha vivido momentos de oscuridad, tristeza y estrés, ¿alguien le hizo un comentario positivo sobre lo que está haciendo, sobre el progreso que está teniendo su ser querido, o mencionó un reconocimiento positivo? ¿Alguien acaba de decir buenos días y mantener abierta una puerta? ¿Alguien preguntó cómo podría ayudarlo? Cuando escuchó el comentario, aunque puede haber sido solo una breve frase positiva, oración o pregunta ¿sintió que valoraban y apreciaban su trabajo? ¿Sintió un ligero momento de alegría o un cambio de su estrés o tristeza?

Con esto en mente, ¿ha hecho usted comentarios positivos a su ser querido? O bien, ¿ha hecho declaraciones positivas a las personas que están cuidando a su ser querido? Una observación positiva, va construyendo otras y el efecto es diferente. La persona que hace el comentario positivo, también se siente un poco más alegre. Esta es otra forma de pensar acerca de la afirmación en Hechos 20:35 de que es mejor dar que recibir. Puede ser difícil pensar o decirle a alguien algo positivo en los días con más dificultades. Pero a medida que lo intente, cambiará su estado de ánimo, en esos días difíciles, de un marco de tristeza o frustración a un marco de agradecimiento. Agradezca a la otra persona que lo está ayudando, agradezca por su ser querido porque han compartido tiempo juntos, y agradezca por tener un Dios que lo ama tanto que proveyó gracia a todos los creyentes. La gratitud es una excelente manera de comenzar conversaciones y tener sentimientos positivos hacia los demás.

"He aquí, Dios es el que me ayuda; el Señor es el que sostiene mi alma." Salmos 54:4

El versículo anterior es una oración que puede ayudarle a cambiar su perspectiva negativa o sombría de pensar y mirar a nuestro Señor, y recuerde: Él es la fuente de nuestra fortaleza cuando los tiempos son difíciles. Él es el proveedor de nuestra esperanza y siempre le ama. Él le ayudará a elevar su corazón.

Padre celestial, gracias por amarme y ayudarme en mis días difíciles. Ayúdeme a tener un corazón agradecido que me permita hacer declaraciones positivas a los que están en mi vida. Amén.

Soledad

"Señor, todo mi anhelo está delante de ti, y mi suspiro no te es oculto." Salmos 38:9

El trabajo que está haciendo es tan demandante que puede tener tiempo para solo unos pocos contactos sociales o ninguno. Es posible que haya muchos días consecutivos en los que no vea a nadie más que a su ser querido al cual cuida y al personal de atención médica. Puede tener días en los que piense que nunca más tendrá una vida normal o compañía social. Anímese y recuerde que nunca está solo. Como se afirma en el versículo anterior, si nadie más está consciente de su soledad y dolor, Dios sí lo está. Somos tan bendecidos con un Dios que siempre se preocupa y conoce nuestras luchas.

"En esto sabemos que permanecemos en Él y Él en nosotros: en que nos ha dado de su Espíritu." 1 Juan 4:13

El versículo de 1 Juan es parte de una carta pastoral que el Apóstol Juan escribió a varias iglesias de nuevos creyentes. Juan incluyó esta frase como una promesa tranquilizadora. Teniendo en cuenta que la fe Cristiana era bastante nueva, Juan sabía que los creyentes podrían verse tentados a seguir enseñanzas falsas o ser persuadidos por otros que intentaban convencer a los nuevos creyentes de que el Cristianismo no era una fe válida. En esta oración, Juan les recordó a los nuevos creyentes que Dios siempre está presente con nosotros. Al decir que Dios nos ha dado su Espíritu, Juan está afirmando que todos los creyentes podemos sentir el amor en nuestros corazones una vez que hayamos recibido a Cristo.

En esos días en que se sienta muy solo, tómese unos minutos para pensar en la presencia de Dios en su corazón. Es esa presencia en su corazón la que le permite servir a otros, como cuidador. El trabajo de Dios se está completando a través de sus manos. Usted nunca está solo.

Habrá días en los que sienta la necesidad de tener un contacto social, aunque solo sea por unos momentos. En esos días, diga una oración y luego busque a alguien que entienda sus luchas. Póngase en contacto con los miembros de su iglesia, miembros de la familia, amigos, vecinos, un pastor o grupos de apoyo locales que entiendan lo que usted está viviendo y sintiendo al cuidar a su ser querido. Una llamada telefónica o una taza de café compartida con otro le animará. Una caminata con un vecino, una charla con un pastor, pueden ser grandes impulsores de energía.

Padre celestial, gracias por estar presente conmigo siempre. Sé que me dará fuerza y me guiará para encontrar compañía durante estos días de lucha. Amén.

Lo que Una Vez Fue Hecho por Dos Ahora Debe ser Hecho por Uno

"Al presente ninguna disciplina parece ser causa de gozo, sino de tristeza; sin embargo, a los que han sido ejercitados por medio de ella, les da después fruto apacible de justicia." Hebreos 12:11

La situación en la que se encuentra puede haber sucedido rápidamente. Puede que haya recibido las noticias sobre la enfermedad o condición de su ser querido cuando no estaba anticipando ningún cambio en su rutina típica de la vida diaria. O bien, la condición o enfermedad puede haber progresado lentamente hasta el punto en que usted es el cuidador principal. En cualquier caso, es probable que le pidan que haga la rutina diaria que el ser querido solía hacer. Estas nuevas tareas pueden incluir limpiar la casa, sacar la basura, pagar las facturas, mantener el jardín o administrar los negocios.

Durante los primeros días de su cuidado, es posible que no haya pensado en estas responsabilidades adicionales. Estas tareas pueden no haber estado previstas. Así como su apoyo a su ser querido aumentó al incluir el cuidado de las necesidades físicas, es posible que se sienta abrumado. Todas las nuevas tareas pueden ser arrojadas sobre usted sin previo aviso. Y aquí está usted ahora.

El versículo anterior de Hebreos fue escrito para que los nuevos Cristianos sepan que todos los creyentes son disciplinados, pero esto es para la gloria de Dios. Esto no significa que los Cristianos sean castigados. La palabra disciplina en este versículo transmite un significado de servicio o sacrificio. Los primeros Cristianos fueron perseguidos y tuvieron muchas aflicciones que pusieron a prueba su fe. Para los cuidadores, esta disciplina es una de sacrificio personal y servicio que muestra una verdadera vida Cristiana. Como dice el versículo, más adelante usted será recompensado por la vida recta y el sacrificio que está haciendo por su ser querido.

"Porque, ¿quién de vosotros, deseando edificar una torre, no se sienta primero y calcula el costo, para ver si tiene lo suficiente para terminarla?" Lucas 14:28

En el versículo de Lucas, Jesús le está diciendo a los oyentes sobre el costo de ser un verdadero creyente. Él hace la pregunta sobre la planificación para recordarles a los oyentes que todas las cosas buenas que se logran se planifican y luego se llevan a cabo hasta el final. Para un cuidador que puede verse abrumado con todos los detalles adicionales de la vida diaria, cualquier planificación que pueda hacer temprano puede ayudarlo a brindar este servicio a su ser querido. Hay grupos de apoyo y organizaciones en línea para todo tipo de enfermedades y condiciones. Muchos de estos recursos ofrecen guías a los cuidadores para planificar cosas como consejos legales, finanzas, etc. Siempre es útil hablar con otros cuidadores que están experimentando las mismas tareas cotidianas y pueden tener sugerencias para ayudarlo con sus preguntas. Otros, como su pastor o amigos con experiencia en las áreas de finanzas o planificación u otros asuntos necesarios, pueden ser buenas fuentes de apoyo.

Padre celestial, gracias por su presencia en mi vida. Guíeme para cumplir con las tareas y buscar recursos que me ayudarán a estar al servicio de mi ser querido. Amén.

Estoy Tan Cansado ... Por Favor, Dios, Deme Fortaleza

"Venid a mí, todos los que estáis cansados y cargados, y yo os haré descansar. Tomad mi yugo sobre vosotros y aprended de mí, que soy manso y humilde de corazón, y hallareis descanso para vuestras almas. Porque mi yugo es fácil y mi carga ligera." Mateo 11:28-30.

Probablemente haya experimentado muchas emociones desde que comenzó este viaje como cuidador. Pero de todas las emociones y sentimientos que experimentó, el cansancio o el agotamiento pueden ser los más consistentes. El estrés de cualquier tipo, el buen estrés y el mal estrés, pasa factura. Un ejemplo de ambos tipos de estrés es cuando está cansado de las responsabilidades como cuidador, y los miembros de su familia le informan que vienen de visita durante unos días. Esta es una combinación de estrés bueno y malo, y una vez que ellos regresen a casa, estará aún más agotado.

Jesús habló, en los versículos de arriba, a los creyentes y aquellos que aún no lo aceptaban. Estaba informando a los oyentes que sabía sobre las cargas que tenían sobre sus hombros. Las cargas incluían las demandas y el trabajo duro de su vida cotidiana y la carga de ser ahora un creyente cuando otros no lo aceptaban. Otras personas podían ridiculizar o incluso perseguir a los nuevos creyentes. Jesús les recordó a los oyentes que seguirlo y tener una relación más cercana con Dios finalmente traería un tipo diferente de paz y descanso. Sabía que los nuevos creyentes tendrían paz en sus corazones y amor por los demás. Este tipo de amor es lo que le motiva cada día para poner los pies en el suelo por la mañana, levantarte y volver a su papel de cuidador.

Su yugo o carga es pesada. Está trabajando día y noche y, a veces, las 24 horas del día se consumen. Dios sabe todo. Él cuida de usted. Dios entiende su agotamiento y le proporcionará la fortaleza para soportar y perseverar.

"Pero los que esperan en el Señor renovarán sus fuerzas; se remontarán con alas como las águilas, correrán y no se cansaran, caminarán y no se fatigarán." Isaías 40:31

El versículo de Isaías nos recuerda a todos que cuando confiamos en Dios, cuando creemos en que Él trabajará con nosotros para ayudar a nuestro ser querido, se nos dará la fortaleza que necesitamos para completar nuestras tareas. Este versículo también nos informa que puede haber espera involucrada. Como saben, Dios tiene su propio tiempo. Entonces, oremos, esperemos y continuemos en el servicio a los demás. Cuando hacemos esto y confiamos en Dios, podemos elevarnos como águilas en nuestra fe.

Padre celestial, gracias por amarme y brindarme resistencia. Confío en que me guíe y me ayude a prestar un servicio dedicado a mi ser querido. Amén.

Fe

"Para que vuestra fe no descanse en la sabiduría de los hombres, sino en el poder de Dios." 1 Corintios 2:5

Como cuidador, se sentirá presionado por todas las tareas que debe completar cada día para su ser querido. Tal vez puede descubrir que desea escabullirse durante muchas horas del día, el agotamiento se instala y comienza a caminar por un sombrío camino de desesperanza. Puede sentir que es fácil perder la compasión y no sentirse positivo acerca del trabajo que le han llamado a hacer.

El versículo anterior es parte de la carta del Apóstol Pablo a los nuevos creyentes en Corinto. Como recordarán, Pablo fue escogido por Cristo para difundir la palabra de salvación mientras crecía la nueva fe del Cristianismo. Durante este período de tiempo, hubo muchos escépticos que promovieron sus propias interpretaciones de la fe y otros que predicaron enseñanzas falsas. En este versículo de 1 Corintios, Pablo le dice al lector que no confíe en lo que dicen los hombres, sino que tenga fe en el poder de Dios. Pablo conocía completamente el poder de Dios ya que había recibido la ayuda del Espíritu Santo para guiarlo mientras enseñaba a los nuevos Cristianos.

Tómese un momento, como cuidador, y haga una pausa para renovar su propia confianza en Dios. Escuchará muchas cosas de una variedad de fuentes sobre el estado de salud de su ser querido y su destino. Lo que escucha puede ser exacto o quizás solo una conjetura sobre el futuro. En estos momentos, confíe en Dios y ponga su fe en Él. El Apóstol Pablo escribió el versículo siguiente a los creyentes en Roma. Le recordó al lector que la fe proviene de escuchar y creer en las palabras de Cristo.

"Así que la fe viene del oír, y el oír, por la palabra de Cristo." Romanos 10:17

Para mantener su fe fuerte, lea las Escrituras regularmente. Al leer y conocer las palabras de Cristo, su propia fe aumentará. Si no está seguro de cuáles son los mejores libros para leer en la Biblia, puede comenzar en el Nuevo Testamento con los Evangelios. Aquí, encontrará todas las enseñanzas de Cristo, y éstas reforzarán su fe existente.

"Y sin fe es imposible agradar a Dios; porque es necesario que el que se acerca a Dios crea que Él existe, y que es remunerador de los que le buscan." Hebreos 11:6

Padre celestial, gracias por enviarnos a su Hijo. Por favor, ayúdeme a mantener mi fe fuerte y recordar su constante amor por mí y por mi ser querido. Amén.

Alegría en el Sufrimiento

"Tened por sumo gozo, hermanos míos, el que os halléis en diversas pruebas, sabiendo que la prueba de vuestra fe produce paciencia, y que la paciencia tenga su perfecto resultado, para que seáis perfectos y completos, sin que os falte nada." Santiago 1:2-4

En esta carta de Santiago, les dice a los lectores que la confusión, las aflicciones y otras pruebas que experimentan, los ayudarán a desarrollar fidelidad, cercanía o fortalecimiento de su apego a Dios. Santiago sabía que los seguidores de Cristo serían probados y perseguidos. Él sabía que sufrirían. Nuestro sufrimiento puede aumentar nuestra dependencia y fe en Dios. Piense en eso por un momento. Este sufrimiento puede ser visto desde su perspectiva y la de su familiar enfermo: su ser querido está sufriendo de una enfermedad o condición. Su propio sufrimiento es porque usted ve a su ser querido luchando. También sufre por usted mismo mientras trabaja todos los días sacrificando su propia vida personal, ya que desea ocuparse de sus propias necesidades. Su sufrimiento es una medida de su fe cuando se aferra a Dios para obtener fortaleza, y encuentra el amor viviendo la vida de un Cristiano.

"Bienaventurado el hombre que persevera bajo la prueba, porque una vez que ha sido aprobado, recibirá la corona de la vida que el Señor ha prometido a los que le aman." Santiago 1:12

Santiago les dice a los creyentes que cuando perseveren bajo estrés y continúen creyendo en Cristo a pesar de sus pruebas, serán recompensados con amor y vida eterna. Esta es la promesa hecha por Dios acerca de aceptar a su Hijo en nuestras vidas. Para aquellos que cuidan a personas que sufren, usted está demostrando su amor por Cristo al servir como Él lo hizo. Continúe amando a los demás y sirviendo sin cesar. Esto le acercará más a Dios y fortalecerá su fe y propósito.

"El Señor es mi fuerza y mi escudo; en El confía mi corazón, y soy socorrido; por tanto, mi corazón se regocija, y le daré gracias con mi cántico." Salmos 28:7

El versículo del Salmo nos recuerda que Dios no es solo nuestra fortaleza, sino que también es nuestro escudo. Él estará allí para protegerlo y guiarlo cuando enfrenta dificultades cuidando y sirviendo a su ser querido. Las dificultades pueden ser al tratar con el personal médico, las finanzas o encontrar tiempo para sí mismo para que pueda rejuvenecer su motivación para servir. Para todas estas necesidades, solo necesitamos orar y abrir nuestros corazones y mentes a la guía que el Señor nos puede proporcionar a través de su Palabra.

Gracias por estar a mi lado y por darme la guía y la fuerza que necesito cada día Padre Celestial, Usted es la fuerza y la protección que necesito para mantener mi servicio. Gracias por siempre. Amén.

Sintiéndose Encarcelado

"Haced todas las cosas sin murmuraciones ni discusione." Filipenses 2:14

Como Cristianos, sabemos que el versículo anterior de Filipenses es lo que se supone que debemos hacer. Deberíamos continuar, sin quejarnos, y hacer las tareas que Jesús hubiera hecho. Debemos ayudar a los débiles, compartir con los pobres, ayudar a los enfermos y compartir las noticias de Cristo con los demás. Este versículo de Filipenses fue escrito por Pablo para explicar cómo, las personas de la nueva fe, deben comportarse. En parte, esto fue para dar un ejemplo a otros para que pudieran entender mejor a los Cristianos y al Cristianismo.

Como cuidador, a pesar de que sabe que no debe quejarte sobre lo que está haciendo, hay días en que simplemente no puede ayudarse a sí mismo. Su mente se desvía por el camino del resentimiento y la amargura. Es posible que se haga preguntas como: "¿Por qué los otros parientes no pueden ayudar? ¿Por qué siempre yo? ¿Cuándo puedo tomar un descanso? ¿Por qué estoy atrapado en este papel?

Sus sentimientos, aunque justificados cuando conoces a otros que podrían estar disponibles para ayudar, no son útiles. Cuando se encuentre haciendo estas preguntas una y otra vez en su mente, puede ser momento de tomar un breve descanso. Puede necesitar solo una hora para hacer alguna otra cosa más que cuidar. No piense que esto es egoísta. Al final, cuando usted cuide mejor de sí mismo, puedes cuidar mejor a la persona que lo necesita. Si es posible, solicite amablemente a otro miembro de la familia, vecino o amigo en quien confíe, que se quede con su ser querido por una hora más o menos. Use ese tiempo para refrescar su mente haciendo algo fuera de lo normal que lo ayudará a obtener nuevas fuerzas.

Si esto no es posible, aproveche el momento en que su ser querido está descansando, durmiendo la siesta o en una sesión de terapia o rehabilitación, para hacer algo que le ayude a restaurar su actitud más feliz. Y cuando sienta que esos pensamientos y preguntas negativas vuelven a su mente, reformule esos pensamientos. "¿Por qué otros parientes no pueden ayudar?" Podría ser reformulado en: "Dios me ha dado este papel para ser cuidador porque es posible que otros no estén preparados para esta difícil tarea". "¿Por qué siempre soy yo?" Puede ser reformulado a: "Dios nos da exactamente lo que podemos manejar y me ayudará cuando pida fortaleza". La pregunta "¿Cuándo puedo tomar un descanso?" puede ser reformulado a: "Voy a planear un descanso por ___ día y coordinaré con parientes que puedan darle ese tiempo a mi ser querido. "La pregunta de "¿Por qué estoy atrapado en este papel?" puede ser reformulada a: "Mientras estoy con Cristo y Cristo está conmigo, tengo libertad. Oraré y usaré la fuerza provista por Dios para descubrir cómo puedo tener un tiempo para refrescar mi mente. De esa forma, puedo servir mejor a mi ser querido y a Dios ".

Para ayudarle a comenzar con estas estrategias de replanteamiento o repensamiento, puede decir los siguientes versículos a usted mismo y orar.

"Ahora bien, el Señor es el Espíritu; y donde está el Espíritu del Señor, hay libertad." 2 Corintios 3:17

"En medio de mi angustia invoqué al Señor; el Señor me respondió y me puso en un lugar espacioso." Salmos 118:5

Padre celestial, gracias por proporcionarme la fuerza para ayudar a mi ser querido hasta este momento. Por favor continúe dándome fortaleza y refresque mi mente con su Espíritu. Amén.

Dejar que los Profesionales Hagan su Trabajo

"El camino del necio es recto a sus propios ojos, mas el que escucha consejos es sabio." Proverbios 12:15

"Escucha el consejo y acepta la corrección, para que seas sabio el resto de tus días." Proverbios 19:20

Los versículos anteriores fueron escritos no como un insulto, sino para decir que es más prudente no hablar de inmediato si no está de acuerdo con alguien. Como cuidador, puede preguntarse qué tienen que ver estos versículos con su papel. Desafortunadamente, ser un cuidador a tiempo completo puede causar tensión y estrés entre usted y aquellos con quienes interactúa con frecuencia. Si bien no hay duda de que las prácticas de atención médica deben ser monitoreadas y documentadas por usted, hay momentos en que un cuidador puede reaccionar muy rápido al personal médico y esto puede dar lugar a interacciones difíciles en el camino. A pesar de que usted es el "experto" en las preferencias o prioridades de su ser querido, como dice el segundo versículo, puede hacerse más sabio en el futuro al escuchar lo que los expertos le dicen a usted o a su ser querido.

Depende de usted abogar por su ser querido en ciertas situaciones. Por ejemplo, si el personal médico está discutiendo un medicamento en particular con su familiar enfermo, y usted sabe que es un medicamento al que su ser querido tiene alergia, debe abogar y asegurarse de que no haya malentendidos. Pero puede haber otros momentos en que una sugerencia o instrucción puede ser difícil de escuchar o simplemente algo que no prefiere hacer. En esos casos, no debemos reaccionar rápidamente, sino pensar en lo que se dijo y por qué se hace esta recomendación para su ser querido.

Una cuidadora dijo que finalmente se dio cuenta de que debía dejar que los profesionales médicos, como terapeutas, doctores, enfermeras, hicieran su trabajo y que ella simplemente tenía que ser un miembro cariñoso de la familia. El personal médico, sin duda, la veía como una "cuidadora de helicópteros" que siempre se movía e insistía en que su camino era el correcto. Como Cristianos, sean atentos y considerados con aquellos que están ayudando a su ser querido.

"Yo te glorifiqué en la tierra, habiendo terminado la obra que me diste que hiciera." Juan 17:4

Las palabras de arriba, registradas en Juan, fueron dichas por Jesús en una oración. Él dijo esta oración cuando se acercaba al final de su ministerio. Le dijo a su Padre que había logrado todo lo que se le había encomendado hacer para glorificar a Dios. Como cuidador, independientemente del trabajo que realicen los profesionales médicos, le corresponderá a usted cuidar de su familiar enfermo. Para cuidar a su ser querido, como Cristiano, es importante seguir el ejemplo de Jesús y hacer su trabajo para que glorifique a Dios. En otras palabras, en la medida de lo posible, hable como un Cristiano a todos aquellos con quienes interactúa. Trabaje para su ser querido como si estuviera trabajando para Jesús. Interactúe con todos los demás como Cristiano. Si no está de acuerdo con lo que se dice, tómese su tiempo para responder y reflexionar detenidamente sobre sus palabras. De esta manera, obtendrá el mayor conocimiento para su ser querido sobre lo que se debe hacer. Y si está seguro de que su conocimiento de su ser querido y su historial médico dicta que el consejo no se debe seguir, defienda a su familiar enfermo de una manera amable. Conozca el historial médico de su ser querido lo suficientemente bien como para poder interactuar cortésmente y efectivamente.

Padre celestial, gracias por enviar a su Hijo para cumplir todo lo que Usted le pidió que hiciera. Gracias por proporcionar personal médico para ayudarme a cuidar a mi ser querido. Ayúdeme a comprender y enternder los tratamientos médicos y recuérdeme ser amable con los demás. Amén.

Las Prioridades Cambian

"Entonces, como escogidos de Dios, santos y amados, revestíos de tierna compasión, bondad, humildad, mansedumbre y paciencia." Colosenses 3:12

Cuando su mundo ha sido reorganizado para que pueda cuidar a un ser querido, todas las prioridades cambian. Su vida se ha puesto patas arriba en algunos aspectos. Es como si todos los días deben ser filtrados para que las necesidades del ser querido se cumplan primero y, si hay cosas que necesita o desea hacer por sí mismo, primero debe considerar cómo esto afectará al familiar enfermo antes de que pueda cumplir sus propias necesidades y deseos. Cuando satisface las necesidades de su ser querido, no tiene el tiempo o la energía para hacer las cosas que quería hacer para usted mismo. Este es un tipo diferente de sacrificio que otros pueden no entender. Y todo el tiempo, debería intentar hacer todas estas cosas con una sonrisa en su rostro y una canción en su corazón. Pablo instruyó a los Colosenses a hacer justamente esto: revestirse de corazones compasivos, amables, humildes, mansos y pacientes. Es una tarea difícil, continuar este tipo de comportamiento amable y paciente día tras día. Santiago, el hermano de Jesús, escribió que aquellos que son sabios y comprensivos, tendrán una buena conducta y esa sabiduría es evidente en la mansedumbre. La mansedumbre en este versículo indica que escucharemos con atención, consideraremos las respuestas sabiamente y reaccionaremos con gozo a lo que escuchamos.

"¿Quién es sabio y entendido entre vosotros? Que muestre por su buena conducta sus obras en mansedumbre de sabiduría." Santiago 3:13

Probablemente no sepa exactamente cuánto tiempo continuará su función de cuidador. Es posible que esté cuidando a un ser querido que se recuperará pronto de una operación, lesión o enfermedad que requiera varios tratamientos diferentes. O bien, puede estar cuidando a un ser querido que requerirá su apoyo por el resto de su tiempo aquí en la tierra. Hasta el momento en que ya no necesite su apoyo, estará sirviendo a su familiar enfermo antes que a otras tareas del día. Organizar y asegurarse de que su trabajo sea efectivo le permitirá tener más tiempo libre o de inactivadad, descansar o hacer otras cosas. Además de buscar apoyo a través de grupos profesionales en línea, puede hacer una lista de las cosas que debe hacer cada día y determinar qué secuencia tiene más sentido para que sea efectiva en su rol. Antes de salir a hacer diligencias, asegúrese de que todas las tareas que necesita hacer al mismo tiempo están organizadas para su eficacia y para ahorrar tiempo.

Al leer los párrafos anteriores, es fácil darse cuenta de que sus prioridades realmente han cambiado. La profundidad del amor que tiene por su ser querido es evidente. Su mundo ahora gira completamente alrededor de otra persona. Cuando lea el siguiente versículo, piense en lo que dijo Juan acerca de Jesús. Lo amamos porque Él nos amó a todos primero. Jesús nos ama tanto que murió por nosotros y nos liberó de nuestros pecados. A cambio, nos amamos y nos apoyamos unos a otros como Él nos pidió que lo hiciéramos. Entonces, mientras su vida ha sido reorganizada, recuerde el amor que tiene en su corazón por su ser querido. Ese amor es lo que le está impulsando a continuar con su trabajo. El amor de Jesús por nosotros lo llevó a la cruz. En todo el trabajo y la agitación que tiene, agradezca que Dios también nos haya cuidado al enviar a su Hijo.

"Nosotros amamos, porque Él nos amó primero." 1 Juan 4:19

Padre Celestial, muchas gracias por enviar a su Hijo por nosotros. Él nos mostró cómo amar y servir a los demás. Por favor, ayúdeme a seguir sacando fuerza de su amor. Amén.

Sintiendo Ira Hacia Dios

"¡Vive Dios, que ha quitado mi derecho, y el Todopoderoso, que ha amargado mi alma!" Job 27:2

Si conoce la historia de Job, sabe que estaba afligido y sufría una y otra vez. Se quejó mucho. Perdió tantas cosas en su vida. Tenía mala salud, perdió a sus hijos y perdió su fortuna. Como resultado de estas pruebas él sufrió, estaba muy enojado. Con todas las pruebas y aflicciones que experimentó Job, incluso cuestionó por qué nació. Ya sea que haya sido cuidador durante mucho tiempo o recién esté comenzando, puede haber días en que se sienta enojado con Dios. Job tuvo muchas conversaciones con Dios y expresó su enojo. **Al final, la fe de Job vino a él.** Aunque estaba enojado, todavía tenía fe en Dios. Eventualmente, Job fue bendecido abundantemente más de lo que había sido en el pasado.

Los cuidadores pueden estar enojados a veces. La ira primero se puede presentar cuando escucha la noticia de la condición de su ser querido. La ira puede reaparecer a medida que avanza a través de muchas tareas que son difíciles y duras para usted. La ira puede resurgir cuando siente el desgaste de su estado mental y físico. La ira viene cuando no tiene tiempo para usted. Al igual que Job, converse con Dios. Exprese sus sentimientos y pida ayuda y fortaleza. Lea las Escrituras que le traen consuelo. Tómese un tiempo con su ser querido para hacer otras cosas que no sean las responsabilidades de cuidado. Miren una película juntos, salgan y disfruten del aire fresco, conversen sobre los muchos recuerdos que ya tenía juntos antes de que ocurriera la enfermedad o la lesión.

"El amor sea sin hipocresía; aborreciendo lo malo, aplicándoos a lo bueno." Romanos 12:9

Pablo, en su carta a los Romanos, escribió que el amor de Jesús es real. El amor que compartimos los unos con los otros como Cristianos debe ser real. Debe ser genuino. El amor de Dios por usted es genuino, y puede confiar en Él para obtener fortaleza y guía en tiempos de prueba. Pablo también escribió que debemos aferrarnos firmemente a todo lo que es bueno y detestar todo lo que es malo. Entonces, incluso cuando estamos frustrados y enojados, debemos aferrarnos firmemente a nuestra fe, como lo hizo Job. Debemos mantener pensamientos positivos y amorosos en nuestros corazones y cambiar los pensamientos negativos. Pensar positivamente puede requerir tiempo, silencio y oración.

Padre celestial, perdóneme cuando estoy enojado. Ayúdeme en los días de pruebas. Deme fuerza y conocimiento cuando sea probado. Amén.

Nuevas Decisiones

"Aun habiendo sido yo antes blasfemo, perseguidor y agresor. Sin embargo, se me mostró misericordia porque lo hice por ignorancia en mi incredulidad." 2 Timoteo 1:13

Los cuidadores pueden sentirse abrumados con la cantidad de decisiones que deben tomarse rápidamente. Y a veces, una vez que se toma una decisión, ésta no funciona y se enfrenta a una decisión más. Éstas pueden ser pequeñas decisiones cotidianas que su ser querido haría si no estuviera enfermo, o podrían ser decisiones importantes que pueden afectar la terapia o el funcionamiento de la vida. Estas decisiones pesan mucho sobre los cuidadores. Si tiene un poder legal médico, se le puede pedir que tome todas las decisiones médicas.

El versículo anterior escrito por el Apóstol Pablo es uno de instrucción. Le está diciendo a su joven y nuevo creyente, Timoteo, un hermano en Cristo, que siga la sabiduría que Pablo le ha impartido. ¿Cuál fue la sabiduría? Pablo le recuerda que todas estas sabias palabras fueron establecidas por la fe y el amor a Cristo, incluso el amor de Cristo por nosotros. ¿Qué significa esto para un cuidador que toma decisiones? Esto significa mirar primero todas las decisiones dentro del marco de ser Cristiano y vigilar primero los intereses de su ser querido.

Las decisiones pueden ser complicadas porque puede haber otros parientes que quieran cambiar o influir en éstas. Como usted es el cuidador principal, puede ser difícil escuchar las opiniones de los demás. Pero tenga en cuenta que ellos están actuando por preocupación. El siguiente versículo puede serle útil cuando otros deseen participar en la toma de decisiones.

"Sin consulta, los planes se frustran, pero con muchos consejeros, triunfan." Proverbios 15:22

En el devocional anterior sobre dejar que los profesionales médicos hicieran su trabajo, las Escrituras incluían escuchar a los demás y actuar sabiamente. La misma regla podemos usar para trabajar con miembros de la familia que ofrecen consejos sobre decisiones. Escuche y no reaccione rápidamente. Tómase su tiempo si puede para sopesar las cosas. Exprese con amabilidad su razonamiento para que los parientes puedan entender por qué va a tomar una decisión en particular. Agradézcales por querer participar. Puede necesitarlos en el futuro.

"Pero vosotros, hermanos, no os canséis de hacer el bien." 2 Tesalonicenses 3:13

Pablo dirigió este versículo de 2 Tesalonicenses a algunos miembros de la congregación que estaban luchando. Después de decirles que dejaran de preocuparse y trabajaran arduamente por su causa, añadió que no deberían cansarse de hacer buenas obras. Para los cuidadores, lo mismo. Resuelva cualquier conflicto innecesario entre los miembros de la familia que trabajan con usted para que no se sienta frustrado con su tarea de cuidar. Trabajen juntos. Mantenga el respeto, la paz y lea las Escrituras como guía.

Padre celestial, gracias por ayudarme con la tarea que tengo a mano. Por favor, deme la sabiduría para tomar las decisiones correctas para mi ser querido. Amén.

Cosas que Desearía Haber Dicho

"No digas: ¿Por qué fueron los días pasados mejores que éstos? no es sabio que preguntes sobre esto."
Eclesiastés 7:10

El versículo anterior, escrito por Salomón, es de la sección de Eclesiastés en la que Salomón ofrece consejos. Este versículo en particular le dice al lector que no podemos saber realmente si las cosas dichas y hechas en los últimos días fueron mejores que los días actuales. Él nos recuerda que solo Dios tiene todo el conocimiento.

Al ocuparnos de alguien que está enfermo, discapacitado o lesionado, nos ocupamos de alguien que es diferente de la persona que alguna vez fue antes de la enfermedad o lesión. Después de un accidente en el cual la persona queda muy débil y enfermo o una enfermedad que puede ser crónica o terminal, a menudo pensamos en sus últimos tiempos, antes de su nueva condición, y nos preguntamos si hicimos todo lo que pudimos hacer por el ser querido. Nos preguntamos si dijimos todo lo correcto cuando se suponía que debíamos decirlo. También podemos sentirnos arrepentidos de no haber compartido nuestros sentimientos antes con nuestro ser querido. Estos pensamientos pueden cruzar nuestras mentes, pero pensamientos como estos no valen la pena prolongarlos en el tiempo, más bien nos quitan la energía mental. Como señala Salomón, realmente no sabemos si los tiempos pasados fueron mejores que ahora. No podemos saber las cosas que Dios tiene reservadas para el futuro. Ciertamente podemos tomarnos el tiempo cada día con nuestro ser querido para tener conversaciones sinceras y compartir las Escrituras y orar juntos. En la medida de lo posible, también se puede dedicar tiempo a realizar los tipos de actividades que el ser querido disfrutó antes de la lesión o enfermedad.

"La suerte se echa en el regazo, mas del Señor viene toda decisión." Proverbios 16:33

Los Proverbios también nos recuerdan que todas las decisiones, acerca de nuestro pasado y nuestro futuro no están determinados por nosotros. Podemos hacer planes, pero esos planes quizás nunca lleguen a buen término. Lo que Dios tiene en mente sucederá. En el caso de su ser querido, una enfermedad o lesión llegó y ahora las vidas han cambiado. Con estos eventos, no tenemos otra opción. Avanzar, siempre consultando en las Escrituras y orando a Dios, nos llevará donde necesitamos estar. Al leer las Escrituras, compartir tiempo con su familiar enfermo, encontrará paz y fortaleza para continuar con sus tareas.

"Pues él no se acordará mucho de los días de su vida, porque Dios lo mantiene ocupado con alegría en su corazón." Eclesiastés 5:20

Aquí Salomón le hace saber al lector que, al final, si somos fieles y fuertes en nuestras creencias, continuaremos teniendo alegría en nuestros corazones. Esto es difícil de lograr durante los días complicados, pero sabemos que Cristo nos ha quitado nuestra mayor carga y tenemos seguridad sabiendo que nuestro futuro será más brillante. Todo lo que hemos sabido, o tenido, o tendremos, son dones de Dios. Esto incluye el regalo de su Hijo. Esto nos muestra lo mucho que Dios nos ama. Pensar en lo maravillosamente bendecidos que somos mantendrá la alegría en nuestros corazones.

Padre celestial, estoy tan bendecido. Sé que incluso en los días difíciles, Usted ha sido mi fortaleza y me ha dado muchos regalos. Por favor, ayúdeme siempre a recordarle y a mantener la alegría en mi corazón. Amén.

Noches Más Largas

"En trabajos y fatigas, en muchas noches de desvelo, en hambre y sed, a menudo sin comida, en frío y desnudez." 2 Corintios 11:27

El Apóstol Pablo sufrió durante muchos años para cumplir su misión designada de difundir el Cristianismo. Este versículo en particular es uno de una serie de versículos en los que Pablo describe su sufrimiento. Antes de esta línea específica sobre sus noches de insomnio, hambre y sed, escribía frase tras frase sobre su derrota, naufragio, persecución y muchas otras historias de su sufrimiento. Después de todos estos eventos, agrega que tiene ansiedad con respecto a las iglesias que él comenzó y se pregunta si la gente está aferrándose a su fe. Probablemente usted no ha naufragado ni se ha golpeado, pero ha sufrido, ha pasado hambre, ha tenido sed y ha pasado muchas noches sin dormir, todo en un esfuerzo por cuidar a un ser querido. Al igual que Pablo, probablemente también se preocupe por el ser querido, y esta preocupación reemplaza al sueño. Cuando se encuentre preocupado en medio de la noche, puede ser útil restablecer la tranquilidad al leer las Escrituras, pasajes que puedan reconfortarlo, como el siguiente.

"Por nada estéis afanosos; antes bien, en todo, mediante oración y súplica con acción de gracias, sean dadas a conocer vuestras peticiones delante de Dios. Y la paz de Dios, que sobrepasa todo entendimiento, guardará vuestros corazones y vuestras mentes en Cristo Jesús." Filipenses 4:6-7

Como lo dijo Pablo cuando escribió a los creyentes en Filipos, no debe estar ansioso por nada, sino dar gracias y orar. Ore por lo que necesita y lea y estudie las Escrituras. Pablo agregó que al hacerlo, la paz vendrá, y su corazón será guardado por el amor de Cristo Jesús.

Con tantas cosas sucediendo en su vida como cuidador, durante las agitadas noches de insomnio, es difícil imaginar ese tipo de paz. Esto requiere confianza y fe de su parte. Por supuesto, Dios puede darle esa paz. Solo pídale por eso. Su fuerte fe y oraciones le brindarán el descanso que necesita. Haga que sea una prioridad dormir lo suficiente y descansar cada día. Esto le proporcionará la fortaleza física y el estado de alerta que necesita para llevar a cabo su función de cuidador.

En el versículo siguiente, Jeremías le dice al pueblo de Judá que, después del arrepentimiento de sus pecados, Dios regresará al pueblo de Israel y ayudará a la gente a recuperarse de su deterioro anterior. Él no solo les dice que podrán prosperar, sino que Jeremías agrega que Dios satisfará a los cansados y abatidos. Él los repondrá. Con mucha fe y oración, pensando en la paz en Cristo Jesús, Él también le repondrá.

"Porque yo he de satisfacer al alma cansada y he de saciar a toda alma atribulada." Jeremías 31:25

Padre Celestial, gracias por las muchas bendiciones que ha provisto. Por favor restaure mi tranquilidad y reponga mi energía. Por favor, guárdeme de mis preocupaciones y ansiedad. Amén.

Mundo Más Pequeño

"Pues considero que los sufrimientos de este tiempo presente no son dignos de ser comparados con la gloria que nos ha de ser revelada." Romanos 8:18

Algunos días pueden parecer borrosos. A veces, puede parecer que un día no es diferente del siguiente. Cada mañana se despierta a la misma rutina de cuidado. Sin mucho entusiasmo o interés. Tal vez su mundo se redujo al mismo número de quehaceres, tiempos de medicamentos, comidas, baños y vestirse, peinarse, etc. El Apóstol Pablo escribió el versículo anterior a los nuevos creyentes Romanos. Estaban siendo perseguidos y sufrieron por sus creencias. Pablo les recordó el gran don de la fe y la gracia que se les había dado, y esto fue más grande que el sufrimiento que estaban soportando.

Tal vez antes de que su ser querido enfermara o se lesionara, se había vuelto complaciente en su fe. Al igual que los nuevos creyentes en Cristo, a menudo necesitamos que se nos recuerde que vale la pena tener una fe Cristiana fuerte. Ser Cristiano lo recompensa fortaleciendo su espíritu y energía cuando se siente deprimido. Ser Cristiano significa que tienes el apoyo de otros Cristianos. Puede llamar a otros para obtener asistencia cuando la necesite. Si su mundo se ha vuelto más pequeño debido a las responsabilidades que tiene como cuidador, puede abrir su mundo pidiendo a otros que entren a su espacio y lo visiten. Los Cristianos están dispuestos a ayudarse mutuamente. Una invitación a comer, incluso si traen la comida, aumentará su espíritu y su fe. Si su ser querido puede participar en la comida con los demás, traerá felicidad al ser querido para poder socializar con los demás también.

Cuando los días parecen ser repetitivos, es el momento de hacer algo diferente. Varíe cualquier cosa que sea razonable. Pregúntele a su ser querido si tiene una idea de algo que les gustaría hacer. Esto podría significar ver una nueva película, ir de excursión con su ser querido si pueden hacerlo, o leer algo diferente juntos. Siempre puede elegir una nueva historia bíblica para leer y ver lo que puede extraer del texto. Una buena idea es leer historias de profetas menores u otras del Antiguo Testamento. Un libro interesante para comenzar sería uno que incluya milagros. Intente buscar en 1° y 2° Reyes. Leerá sobre los alimentos que traen los cuervos; un niño resucitado de entre los muertos y profetas que multiplican alimentos, por nombrar algunos. Otra opción para sacudir la rutina podría ser escuchar audiolibros. Los audiolibros son una forma de "manos libres" para leer un libro juntos. Este formato le permitirá realizar múltiples tareas mientras escucha.

Durante estos tiempos de prueba de rutinas repetitivas, ore por fortaleza. Pídale guía a Dios para seleccionar otras actividades que su ser querido disfrutará. Agradezca el tiempo que pasa con su familiar enfermo.

"Muchas son las aflicciones del justo, pero de todas ellas lo libra el Señor." Salmos 34:19

Padre celestial, gracias por la fuerza que me da todos los días. Por favor, ayúdeme a continuar mi trabajo y bríndeme el espíritu y el conocimiento para siempre tomar las decisiones correctas para mi ser querido. Amén.

Indefenso Pero No Sin Esperanza

"Porque todo lo que fue escrito en tiempos pasados, para nuestra enseñanza se escribió, a fin de que por medio de la paciencia y del consuelo de las Escrituras tengamos esperanza." Romanos 15:4

Entre las tareas de cuidador que le pueden corresponder, una puede ser apoyar a su ser querido para que no pierda la esperanza. Puede ser que estén luchando con terapias difíciles como terapias físicas después de un accidente o quimioterapias para el cáncer. O bien, es posible que estén luchando contra la depresión porque los profesionales médicos consideran que su diagnóstico es terminal. Puede ser que estén en la agonía de la enfermedad de Alzheimer o la demencia y su ser querido se sienta frustrado, enojado o deprimido porque ya no puede hacer lo que solía hacer y no puede recordar lo que sabía. Animar y apoyar a su ser querido puede ser difícil. Mientras lucha para realizar este tipo de cuidado, también puede sentirse impotente a veces, sin saber qué hacer.

El Apóstol Pablo escribió el versículo anterior en su carta a los Cristianos de Roma. Les estaba dando instrucciones sobre el Cristianismo antes de visitar a los nuevos creyentes allí. En este versículo, él quiere que entiendan que, como nuevos Cristianos, debían estudiar las escrituras del pasado. Estos pasajes de las Escrituras pasadas incluían muchas historias del pueblo de Israel y la resistencia que tenían debido a su fe. El conocimiento de los años de sufrimiento soportados por otros que finalmente cosecharon su recompensa es alentador y motivador para los cuidadores quienes deben tener Resistencia también. Podemos tener la misma esperanza debido a nuestra fe y el amor de Cristo Jesús.

El siguiente versículo del Salmo nos deja saber que los justos, que están en necesidad y oran a Dios, serán escuchados. Señala que Dios está especialmente atento a aquellos que están sufriendo y pidiendo ayuda. Este versículo en particular fue escrito por David cuando fue capturado y tuvo miedo. Tenía tanto miedo cuando lo trajeron al rey Achish que fingió estar loco para que el rey lo liberara. ¡Él estaba desesperado por escapar! Su plan funcionó debido a su fuerte fe en Dios. De hecho, las oraciones de David fueron escuchadas. Historias como esta, del Antiguo Testamento, pueden ser edificantes e interesantes. Estas historias pueden brindar esperanza a aquellos que se sienten impotentes.

"Los ojos del Señor están sobre los justos, y sus oídos atentos a su clamor." Salmos 34:15

Después de que Pablo les recordara a los Cristianos de Roma que necesitaban estudiar las Escrituras, añadió el siguiente versículo. La idea de encontrar la paz para que usted pueda elevar su espíritu así como el de su ser querido.

"Y el Dios de la esperanza os llene de todo gozo y paz en el creer, para que abundéis en esperanza por el poder del Espíritu Santo." Romanos 15:13

Padre Celestial, mi corazón y mi mente a veces se vuelven pesados. Por favor, ayúdeme a encontrar más alegría estudiando Su palabra. Ayúdeme a levantar el espíritu de mi ser querido. Amén.

Es hora de hacer todo

"Oíd ahora, los que decís: Hoy o mañana iremos a tal o cual ciudad y pasaremos allá un año, haremos negocio y tendremos ganancia. Sin embargo, no sabéis cómo será vuestra vida mañana. Sólo sois un vapor que aparece por un poco de tiempo y luego se desvanece. Más bien, debierais decir: Si el Señor quiere, viviremos y haremos esto o aquello." Santiago 4:13-15

En esta carta escrita por Santiago, el hermano de Jesús, él les dice a los Cristianos que siempre debemos considerar que nuestros planes en realidad no pueden llevarse a cabo a menos que Dios quiera que los planes se completen. Dios tiene la imagen completa del tiempo y lo que sucederá en nuestras vidas. Nosotros no. Santiago también está hablando sobre el tiempo y la forma en que planificamos el futuro. Organizar y planificar como cuidador es una necesidad absoluta. Sin planificación y organización, la rutina no se produce y los compromisos no se cumplen. Los cuidadores Cristianos pueden planificar, organizar y pedir la fortaleza y guía de Dios.

Puede parecer que no logra ser flexible con la planificación. Incluso con una planificación y oración excepcional, los planes pueden salir mal. Santiago nos recuerda que Dios puede cambiar los planes. Por lo tanto, no solo tenemos que hacer planes, debemos priorizar para que primero se hagan las cosas más importantes y pensar en un plan para que se puedan completar las tareas necesarias para su ser querido.

Santiago nos hace ver que nuestro tiempo aquí en la tierra es corto. El tiempo que su ser querido tiene con usted puede ser muy corto. Con esto en mente, piense en la alegría y la felicidad que tiene ahora con su ser querido, incluso en las rutinas y citas diarias frenéticas. Agregue un poco de diversión, alegría, algunas sonrisas, palabras amables, todos los días que comparte con familiar enfermo.

"Enséñanos a contar de tal modo nuestros días, que traigamos al corazón sabiduría." Salmos 90:12

El versículo del Salmo era una oración a Dios por el sufrimiento y la opresión del pueblo de Israel. El versículo refleja la necesidad de saber cuánto más durará el sufrimiento. Más adelante en el capítulo, la oración de Moisés dice:

"Alégranos conforme a los días que nos afligiste, y a los años en que vimos adversidad." Salmos 90:15

Es evidente por la oración de Moisés, que queremos buenos días en lugar de días malos, y saber cuanto tiempo estaremos en la tierra, no son conceptos nuevos. Como cuidador, usted tiene preguntas similares. Puede sentir que hay mucho que hacer por el ser querido y se pregunta cuánto tiempo le queda a su familiar. ¿Cuántos días más de dolor y sufrimiento antes de la recuperación o antes del viaje a nuestro hogar celestial? Cualquiera que sea la cantidad de tiempo o la cantidad de días, dos cosas son ciertas: 1) no podemos saber el número de días que tenemos, y 2) nuestra vida en la tierra es corta. Ore por días felices y dichosos. Cuide a su ser querido mientras tenga la oportunidad.

"La mente del hombre planea su camino, pero el Señor dirige sus pasos." Proverbios 16:9

Padre Celestial, sé que mi tiempo con mi ser querido puede ser limitado. Por favor, guíeme en el uso del tiempo. Ayúdeme a pasar el tiempo sabiamente. Amén.

Apoyo Familiar

"Y si alguien puede prevalecer contra el que está solo, dos lo resistirán. Un cordel de tres hilos no se rompe fácilmente." Eclesiastés 4:12

Cuando el rey Salomón se estaba haciendo viejo, escribió muchas palabras sobre sus observaciones y consejos. En el versículo anterior de Eclesiastés, Salomón estaba hablando con su pueblo en un intento de proporcionar sabiduría. Ofreció palabras sobre la opresión y defender sus creencias y principios. Aquí, le decía a la gente que es mejor trabajar en grupo porque eres más fuerte y puedes resistir los obstáculos y las dificultades.

En su familia particular, puede ser una bendición tener varios miembros de la familia que puedan echar una mano y compartir la carga de cuidar a su ser querido. Lo más probable es que el cuidado a tiempo completo le quede a usted y tal vez otra persona lo ayude de vez en cuando. No siempre ocurre que otros miembros de la familia no quieran ayudar, por lo general no pueden ayudar debido a las horas de trabajo, viven a una gran distancia de su ser querido o tienen otras responsabilidades familiares, como criar a sus hijos.

Desafortunadamente puede tener otros miembros de la familia que podrían ayudar pero no lo hacen. En este caso, puede comenzar a sentir antipatía o rechazo con ese miembro de la familia y, lo que es peor, comenzar a sentir celos de su libertad y enojarse con su propia situación. Le ayudará recordar que tiene la oportunidad de pasar muchas horas con su ser querido y esto puede hacer que tenga una mayor conexión y una relación más fuerte con su familiar enfermo. Tendrán más conversaciones y compartirán tiempo juntos.

Los versículos siguientes fueron escritos por el Apóstol Pablo a dos congregaciones diferentes. Estas fueron instrucciones para los nuevos creyentes que trabajaban para la nueva iglesia. En el versículo de 1 Tesalonicenses, le está diciendo a la congregación que permita que aquellos que son perezosos sepan que se necesitan sus esfuerzos. Él instruye a la gente a alentar a cualquier persona que sea tímida o que todavía no esté lista para trabajar para Cristo, ayudar a aquellos que son débiles y, lo más importante, a ser pacientes. Para los miembros de su familia que pueden caer en estas categorías, es aconsejable pensar en el consejo de Pablo. El segundo versículo, de Filipenses, está dirigido a aquellos que tienen el Espíritu dentro de ellos y están trabajando para el propósito de Dios. Esto es para los cuidadores también. Su corazón está haciendo lo que Dios quiere, cuidar de los demás, ayudar a los débiles y cuidar de su familia. Usted será recompensado por este buen trabajo.

"Y os exhortamos, hermanos, a que amonestéis a los indisciplinados, animéis a los desalentados, sostengáis a los débiles y seáis pacientes con todos." 1 Tesalonicenses 5:14

"Estando convencido precisamente de esto: que el que comenzó en vosotros la buena obra, la perfeccionará hasta el día de Cristo Jesús." Filipenses 1:6

Padre Celestial, gracias por la oportunidad de trabajar para mi familia. Por favor, deme paciencia con otros que pueden no ser tan útiles. Le pido que también continúe brindándome la fuerza para hacer este importante trabajo. Amén.

Recursos Para Satisfacer Nuestras Necesidades

"No que hable porque tenga escasez, pues he aprendido a contentarme cualquiera que sea mi situación. Sé vivir en pobreza, y sé vivir en prosperidad; en todo y por todo he aprendido el secreto tanto de estar saciado como de tener hambre, de tener abundancia como de sufrir necesidad." Filipenses 4:11-12

Como recordarán, Pablo fue llamado por Jesús para difundir las noticias de su resurrección y gracia. Viajó al menos tres largos viajes, estableciendo nuevas congregaciones Cristianas, algunas en casas pequeñas, durante un período de muchos años. Durante sus viajes, solo confió en Dios para satisfacer sus necesidades. Es por eso que le escribió a la gente de Filipos contándoles su propia satisfacción, dando un ejemplo para que todos lo sigan. Él le dice a la gente que aprendió el secreto de estar contento en todas las circunstancias, sin importar qué. Encontró su satisfacción en estar más cerca de Dios, servir a Jesús y vivir el ejemplo Cristiano.

Su propia situación puede ser difícil. Como cuidador, puede o no tener abundantes recursos económicos. Independientemente de su estado financiero anterior, a lo que se enfrenta ahora es a una mayor presión financiera debido a las facturas médicas y el costo de la atención de su ser querido. Hay personas disponibles para ayudarlo con el asesoramiento financiero sobre facturas médicas en la mayoría de los hospitales y consultorios médicos. Puede ser tedioso y lleva mucho tiempo pensar en cómo hacer frente a los gastos de su ser querido y aún así satisfacer sus propias necesidades. Una vez más, no dude en pedir ayuda. Estos asesores profesionales pueden implementar cronogramas de pago y ayudarlo a encontrar recursos para aligerar su carga financiera.

"Y mi Dios proveerá a todas vuestras necesidades, conforme a sus riquezas en gloria en Cristo Jesús." Filipenses 4:19

A medida que Pablo continúa su carta a la gente de Filipos, les hace saber que, con fe y oración, sus necesidades serán suplidas. Esto no garantiza el flujo de dinero para sus deseos y sus necesidades. Esto se trata de encontrar la fortaleza y el valor con oración y fe, para satisfacer sus necesidades y cuidar a su ser querido. Esto también puede requerir cierta lucha y frustración de su parte para hacer que todas estas cosas se unan y de esta manera las finanzas puedan ser administradas. Puede ser útil pedir ayuda a miembros de la familia en esta gestión financiera. Si no tiene familiares que puedan ayudar de esta forma, puede hablar con personas de su iglesia o comunidad que saben sobre cómo administrar las finanzas.

Padre Celestial, gracias por sus muchas bendiciones que satisfacen nuestras necesidades de alimento y refugio. Por favor, deme fuerza y sabiduría para saber la mejor manera de manejar todas las cargas financieras de cuidar a mi ser querido. Amén.

Nada Para Sonreír

"El Señor es mi pastor, nada me faltará. En lugares de verdes pastos me hace descansar; junto a aguas de reposo me conduce. El restaura mi alma; me guía por senderos de justicia por amor de su nombre. Aunque pase por el valle de sombra de muerte, no temeré mal alguno, porque tú estás conmigo; tu vara y tu cayado me infunden aliento. Tú preparas mesa delante de mí en presencia de mis enemigos; has ungido mi cabeza con aceite mi copa está rebosando. Ciertamente el bien y la misericordia me seguirán todos los días de mi vida, y en la casa del Señor moraré por largos días." Salmos 23: 1-6

Es probable que usted conozca los versículos del Salmo 23. En momentos en que sentimos que no podemos sostener nuestras cabezas, cuando todo parece oscuro, cuando sentimos profunda tristeza en nuestros corazones, estos versículos nos ofrecen consuelo. Aquí vemos a nuestro gran y maravilloso Pastor que nos señala el camino para que vayamos a un pastizal verde y fresco, y descansemos. Estamos cansados y oprimidos. Pero nuestro Salvador nos dirá cálidamente que no nos preocupemos. Descansemos. Dios nos proporcionará fortaleza y todo lo que necesitamos para ir en su nombre. Todo el camino hasta nuestra recompensa final. Solo tenemos que mirarlo a Él mientras caminamos por el sendero, guiándonos por el camino correcto, y nos sentiremos confortados. Estamos tentados a ponernos tristes, enojados, resentidos, deprimidos. Pero nuestro Dios nos dice: "Puedes caminar cerca del mal. Puedes sentirte tentado a tomar ese camino. Pero sigue mi camino. Te llevo a una fiesta de alegría a pesar de que estás rodeado por tinieblas y oscuridad. Una vez que estemos en la mesa, te bendeciré ". Y sabemos que nuestra copa no solo está llena sino que rebosa del amor de Dios. Debido a que Él ha derramado tanto amor sobre nosotros, rodeándonos con su calidez y afecto, vamos a tener bondad en esta vida y la próxima.

Los días de un cuidador pueden traer tristeza. Su ser querido ha cambiado. Su vida ha cambiado. Su mundo está limitado ahora a un horario diario, a la rutina, a los compromisos. Pero hay alegría al leer las Escrituras y sentir la palabra de Dios. Recuerde que la Biblia es un libro viviente. Puede hacerle compañía y animarle cuando piense que no hay nada por lo que sonreír. Dedique tan solo 30 minutos al día para tener un tiempo tranquilo con Dios para renovar su espíritu y energía para el día que le espera.

"Mas tú, oh Señor, eres escudo en derredor mío, mi gloria, y el que levanta mi cabeza." Salmos 3:3

Este versículo del Salmo nos dice que Dios nos protege. Al igual que en el Salmo 23, podemos estar rodeados por el enemigo: la tristeza. Podemos sentir que nos cuesta alejarnos de la desesperación. Pero nosotros podemos. Dios fortalecerá su corazón y liderará el camino a través de Su palabra. Él levantará su cabeza. Puede contar con eso porque Él dijo que es así.

Padre celestial, gracias por estar aquí para mí y conmigo. Usted me protege y me alienta en mi momento de necesidad. Estoy muy agradecido por la fortaleza que me brinda. Ayúdame a recordar que su palabra es mi ayuda. Por favor lléneme con el Espíritu Santo. Amén.

Sin Hablar, Sin Compartir

"No me rechaces en el tiempo de la vejez; no me desampares cuando me falten las fuerzas." Salmos 71:9

Su ser querido puede ser anciano y no muy comunicativo. O bien, es posible que su ser querido sufra una lesión que impida la comunicación, como un accidente cerebrovascular o una lesión en la cabeza. Tal vez su ser querido no tiene este tipo de impedimento, sin embargo no comparte sus pensamientos o sentimientos. Si se encuentra en una situación en la que su familiar enfermo, por cualquier razón, no comparte sus pensamientos o sentimientos, puede ser más difícil proporcionarle lo que necesita. Puede conocer sus preferencias de comida, pero otros detalles del día, como lo que les gustaría hacer, lo que sienten sobre la situación actual, pueden no tener respuestas.

También es posible que tenga preguntas sobre lo que piensa su ser querido acerca de Dios. Tal vez su ser querido era un Cristiano de corazón antes de la enfermedad o lesión. Usted sabe por experiencia que su ser querido adoraba a Dios y estaba en el lugar correcto en términos de sus creencias. Aunque usted no esté seguro si sus sentimientos son los mismos ahora, sabe que su corazón se llenó con el Espíritu Santo en el pasado, y por lo tanto, el Espíritu continúa estando en su corazón hoy.

Pero, ¿qué pasa si no está seguro de la fe de su ser querido? ¿Qué pasaría si no supiera sobre sus creencias en el pasado? ¿Debería compartir la Biblia con su familiar enfermo sin saber cómo se siente respecto a ésto?

"Porque la palabra de Dios es viva y eficaz, y más cortante que cualquier espada de dos filos; penetra hasta la división del alma y del espíritu, de las coyunturas y los tuétanos, y es poderosa para discernir los pensamientos y las intenciones del corazón." Hebreos 4:12

El versículo anterior de Hebreos aclara que la palabra de Dios está viva y continúa activa. Este versículo nos dice que la palabra de

Dios es tan nítida y precisa, que puede atravesar el alma de una persona. La palabra de Dios puede distinguir entre los que creen en su corazón y los que no. Parece evidente que la palabra de Dios debe ser compartida con su ser querido. Si su ser querido es creyente, la palabra puede seguir teniendo un significado para él aunque no pueda responderle verbalmente. Si su ser querido no es creyente, la palabra viva aún puede ser escuchada y quizás comprendida y absorbida por el ser amado. El Espíritu puede decir si el ser querido tiene la intención dentro de su corazón de aceptar a Jesús y la palabra de Dios.

"Los días de nuestra vida llegan a setenta años; y en caso de mayor vigor, a ochenta años. Con todo, su orgullo es sólo trabajo pesar, porque pronto pasa, y volamos." Salmos 90:10

Como el versículo del Salmo nos recuerda a todos, los años de nuestras vidas pronto se habrán ido, y nos uniremos a nuestro Dios en el cielo. Por lo tanto, siempre debemos estudiar las Escrituras y vivir nuestras vidas como Jesús nos pidió que lo hiciéramos. Comparta las Escrituras con su ser querido, también.

Padre Celestial, gracias por la fuerza y la guía que me da cada día. Por favor, guíeme para satisfacer las necesidades de mi ser querido, incluso cuando no pueda hablar conmigo. Amén.

Dependiendo Físicamente de los Demás

"El da fuerzas al fatigado, y al que no tiene fuerzas, aumenta el vigor." Isaías 40:29

Si su ser querido sufre de una enfermedad progresiva, como cáncer o Alzheimer, eventualmente verá disminuir su fortaleza física. Esto puede hacer que sienta una gran tristeza ya que conocía a la persona que solía ser antes de que esta enfermedad avanzara. El versículo anterior habla de la palabra poderosa de Dios y la fuerza que Él nos proporciona.

Para su ser querido, puede que no haya remisión o devolución de fuerza y habilidad. Esto puede ser una gran carga física para usted mientras se esfuerza por satisfacer las necesidades del enfermo. Necesitará físicamente ayudar en las diferentes posiciones que su ser querido requiere, trasladarlo a diferentes habitaciones y probablemente satisfacer sus necesidades nutricionales y de higiene. Es posible que necesite aprender a usar varios tipos de equipos y administrar una gran cantidad de medicamentos. Todo esto puede cansarlo aún más de lo que estaba antes. El versículo anterior de Isaías es para aquellos, como usted, que tiene la tarea física y que puede comenzar a debilitarse a medida que intenta hacer el trabajo que necesita hacer. Isaías escribió esto para que la gente sepa que incluso los más fuertes y sanos se volverán débiles y necesitarán recurrir a Dios para obtener fortaleza para continuar.

"No permitirá que tu pie resbale; no se adormecerá el que te guarda." Salmos 121:3

Mientras luchamos, contamos con nuestro Dios y nuestra fe, Él no nos dejará caer. Este versículo del Salmo nos dice que Dios no dormirá, sino que estará atento. Incluso cuando estámos débiles y necesitamos descansar, Dios vela por nosotros noche y día y restaurará nuestra fuerza.

"Mi carne y mi corazón pueden desfallecer, pero Dios es la fortaleza de mi corazón y mi porción para siempre." Salmos 73:26

Incluso si somos débiles y sentimos que estamos cansados, Dios es la fuerza que tenemos en nuestros corazones para continuar. Cuando sintamos debilidad, fatiga y cansancio entrando, es hora de orar.

Padre Celestial, Usted provee mi fortaleza cada día. Hoy me siento cansado y débil. Por favor, deme la fuerza física para continuar mi trabajo y ayudar a mi ser querido. Amén.

Habilidades Básicas

"Hermanos míos, no os hagáis maestros muchos de vosotros, sabiendo que recibiremos un juicio más severo."
Santiago 3:1

Puede ser devastador presenciar que su ser querido pierda las habilidades que tenía antes de la lesión o enfermedad. En algunos casos, un ser querido necesitará una terapia extensa para aprender a caminar nuevamente, volver a hablar, vestirse y comer. En otros casos, como el Alzheimer, usted puede observar cómo estas habilidades se escapan lentamente. La primera vez que escucha a una enfermera o terapeuta decirle a su ser querido: "Ahora vamos a poner la comida en la cuchara", y el ser querido lucha por tratar de hacerlo, puede ser desgarrador.

Los terapeutas y las enfermeras que ayudan a su familiar probablemente lo reclutarán a usted, y tal vez a otros miembros de la familia, para proporcionar instrucciones similares a su ser querido. Enseñará las habilidades básicas de la vida que su familiar hizo con facilidad en el pasado. Esto puede recordarle como se le enseña a un niño pequeño estos simples pasos, solo que este proceso puede requerir más tiempo y paciencia. También puede ser abrumadoramente triste. Sin embargo, usted sabe que debe ser entusiasta y ofrecer elogios cuando su ser querido pueda realizar estas simples tareas.

Santiago escribió el versículo anterior para no disuadir a las personas de querer convertirse en maestros, sino porque entendía la enorme responsabilidad que tienen los maestros. Los maestros de la fe en ese tiempo eran considerados líderes. Como tales, se esperaba que fueran modelos a seguir y se les exigía vivir con un propósito superior para que otros siguieran su ejemplo. Santiago les recordó a los que querían enseñar que se los mantendría a un nivel más alto y otros los examinarían de cerca.

Enseñar estas habilidades básicas a su ser querido puede ser frustrante a veces. Puede ser deprimente en otras. Pero al igual que los primeros Cristianos a los que Santiago escribió, debe establecer un ejemplo para su ser querido y para los demás que pueden ayudarle con el cuidado. Ser alegre y alentador marcará la pauta para el ser querido, del cuál usted se preocupa profundamente y quiere que tenga éxito. Esto también será útil si debe ayudar a su ser querido en estas tareas diarias por el resto de sus vidas.. Hágalo con un corazón Cristiano.

"Servid de buena voluntad, como al Señor y no a los hombres." Efesios 6:7

En este versículo de Efesios, el Apóstol Pablo proporciona pautas a los nuevos creyentes sobre cómo deberían trabajar para la iglesia y en la vida. Él les dice a los Efesios que hagan lo que hagan, deben realizar el trabajo como si fuera para Jesús mismo y no para otra persona. Mientras trabaje diligentemente para ayudar a su ser querido, hágalo como si estuviera ayudando a Jesús mismo, porque es lo que está haciendo. Está haciendo lo que Jesús haría.

"Y así como queréis que los hombres os hagan, haced con ellos de la misma manera." Lucas 6:31

Aunque las tareas pueden ser difíciles, recuerde siempre que puede necesitar a alguien algún día. Trate a su ser querido exactamente como espera que alguien lo haga con usted, ayúdelo, enséñele.

Padre Celestial, gracias por la guía del personal profesional mientras trabajamos con mi ser querido. Ayúdeme a mantenerme fuerte y a brindar asistencia con un corazón alegre y amoroso. Amén.

Nadie Sabe lo que Estoy Pasando

"Dad gracias en todo, porque esta es la voluntad de Dios para vosotros en Cristo Jesús." 1 Tesalonicenses 5:18

Su carga ha sido pesada. Muy pesada. Usted ha estado ayudando y cuidando a su ser querido desde hace bastante tiempo. Si ha leído los devocionales anteriores, ha pensado en sus rutinas diarias y actividades de vida que realizaba antes de que su ser querido necesitara su ayuda. Ha leído sobre cómo pedir fortaleza y guía, tomar decisiones y trabajar de manera práctica con su ser querido y otros profesionales. Probablemente haya deseado tiempo para hacer algo solo para usted. Y después de todo esto, cuando leyó el versículo anterior acerca de estar agradecido por todas las circunstancias, podría haber pensado: "¿En serio? ¿Debo estar agradecido por este duro papel que estoy cumpliendo? "

En otros devocionales, leyó sobre trabajar como si estuviera trabajando para ayudar a Jesús. Ha leído sobre tener su corazón lleno de alegría por el tiempo que tiene con su ser querido. Pero aún es difícil. También se ha preguntado: "¿Por qué?" Y ha luchado con tantas preguntas y decisiones.

Pero al leer los párrafos anteriores, ¿puede pensar por qué usted? ¿Puede contestar la pregunta "Cómo puedo estar agradecido?" Las cosas que ha estado pasando durante este largo período de tiempo son difíciles. Entonces, con eso en mente, ¿quién más cree usted que hubiera tenido la fuerza, la fe y el amor para hacer lo que ha estado haciendo? Su respuesta probablemente sea "Nadie". Entonces, ¿cómo puede estar agradecido? Puede estar agradecido de que se le haya dado la fortaleza, la sabiduría y la fe para trabajar en este rol hasta este punto. También puede estar agradecido por el sacrificio que está haciendo por su ser querido. Está haciendo algo que solo usted puede hacer. Dios puso esto en su camino de vida, y solo usted puede llevar a cabo la tarea tal como es.

"Y no os olvidéis de hacer el bien y de la ayuda mutua, porque de tales sacrificios se agrada Dios." Hebreos 13:16

Su sacrificio es conocido por Dios. El versículo anterior fue escrito a los nuevos Cristianos que ya no creían en los sacrificios de animales en el templo judío. Entendieron que los sacrificios son buenas obras que hacemos el uno para el otro. Damos esto desde el corazón. Es posible que necesitemos fortaleza adicional para completar las tareas que tenemos ante nosotros. Y para esto, el Apóstol Pablo les recordó a los Efesios usar la fuerza y el poder de Dios. Cuando sienta que nadie comprende sus circunstancias, recuerde que Dios no solo lo sabe, Él le asignó este trabajo. Esté agradecido. Ore. Pida fortaleza para su cuerpo y espíritu para continuar el camino delante de usted.

"Por lo demás, fortaleceos en el Señor y en el poder de su fuerza." Efesios 6:10

Padre Celestial, gracias por brindarme el papel de cuidador de mi ser querido. Perdóneme cuando soy ingrato. Ayúdeme a velar y cuidar a mi ser querido con un corazón alegre. Amén.

Encontrar Alegría en Pequeñas Cosas

"Regocijaos en el Señor siempre. Otra vez lo diré: ¡Regocijaos!" Filipenses 4:4

Hay días en que puede pensar que no puede sentir alegría. Pero usted puede. Observar los regalos abundantes de Dios en nuestro mundo nos alegra a todos. Belleza milagrosa en la naturaleza, la amabilidad de las personas que no conoce y ver a los miembros de su familia crecer, florecer y tener éxito. Puede encontrar alegría en los lugares más inesperados y, a veces, incluso cuando está desprevenido. Piense en la enfermera con la que habló y que le ofreció una sonrisa y una taza de café recién hecha o la persona que le ayudó en el almacén, que sonrió y le dijo: "Que tenga un buen día". Y cuando esté luchando por encontrar algo por lo que alegrarse, lea el siguiente versículo del Salmo.

"Pues en Él se regocija nuestro corazón, porque en su santo nombre hemos confiado." Salmos 33:21

Este versículo nos recuerda que nuestros corazones pueden estar contentos porque tenemos a Dios. Confiamos en Él y solo por esto podemos encontrar la alegría. Recuerde que solo Él le ha dado fortaleza en su trabajo. Él le ha dado la gracia como un regalo inmerecido. Él le mira y le ama siempre y nadie puede alejarle de Él. Por estas razones, tenemos alegría en nuestros corazones debido a Su nombre.

"Como el Padre me ha amado, así también yo os he amado; permaneced en mi amor. Si guardáis mis mandamientos, permaneceréis en mi amor, así como yo he guardado los mandamientos de mi Padre y permanezco en su amor. Estas cosas os he hablado, para que mi gozo esté en vosotros, y vuestro gozo sea perfecto." Juan 15:9-11

Estos versículos de Juan fueron dichos por Jesús a los discípulos. Él les estaba explicando que Él nos ama tanto como su Padre lo ama. Imagine eso por un momento. Dios le ama tanto como Dios ama a Jesús. Estas palabras de Jesús deberían llenar nuestros corazones. Nuestros corazones deberían estar completamente llenos de alegría porque Dios nos ama tanto. Esto no es poca cosa. Esto es enorme. En sus días más problemáticos cuando todo a su alrededor parece cerrarse, recuerde el amor que Dios tiene por usted.

"Alegría pusiste en mi corazón, mayor que la de ellos cuando abundan su grano y su mosto." Salmos 4:7

Padre Celestial, muchas gracias por su amor infinito. Realmente me ha bendecido con su amor y su gracia. Por favor continúe alegrando mi corazón. Amén.

Un Minuto Para Sentarse

"Seis días trabajarás, mas en el séptimo día descansarás; aun en el tiempo de arar y de segar, descansarás." Exodo 34:21

El versículo anterior fue escrito por Moisés en el libro de Éxodo. En este libro, Moisés registró los encuentros que tuvo con Dios mientras conducía a la gente a través del desierto. Esta es una de las instrucciones impartidas por Dios a Moisés. Estas fueron instrucciones para guiar a las personas en su vida diaria. Es importante para Dios que descansemos. Como se registra en Éxodo, no importa la estación del año, necesitamos descansar.

Al leer el pasaje anterior, es posible que se haya preguntado cómo podría tener un día libre cada semana. A veces parece que ni siquiera puede sentarse por unos minutos para recuperar el aliento. Pero descansar es necesario para llevar a cabo sus tareas. Unos minutos de descanso pueden recargarlo, energizarlo, proporcionarle un segundo aire. Encontrar tiempo para sentarse puede ser un desafío, pero es necesario.

"Más vale una mano llena de descanso que dos puños llenos de trabajo y correr tras el viento." Eclesiastés 4:6

Si se da cuenta de que incluso con descansos cortos, continúa sintiéndose cansado y estresado, examine su horario de sueño para asegurarse de que se va a la cama lo suficientemente temprano y no despertandose demasiado temprano. Como dice el versículo del Salmo a continuación, no es aconsejable tener pocas horas de sueño.

"Es en vano que os levantéis de madrugada, que os acostéis tarde, que comáis el pan de afanosa labor, pues Él da a su amado aun mientras duerme." Salmos 127:2

Si es posible, permitase una noche de descanso total. Mientras se prepara para ir dormir lea uno o dos versículos de la Biblia y ore para poder descansar. Aparte de su mente los pensamientos del mañana y piense en la paz de Dios que sobrepasa todo entendimiento.

"Cuando te acuestes no tendrás temor, sí, te acostarás y será dulce tu sueño." Proverbios 3:24

Padre Celestial, gracias por cuidarme y mantener mi energía para poder continuar sirviendo a mi ser querido. Por favor, ayúdeme a dejar de lado mis preocupaciones. Amén.

Cuando sus Esfuerzos no Son Apreciados

"Aclamad con júbilo al Señor, toda la tierra. Servid al Señor con alegría; venid ante Él con cánticos de júbilo. Sabed que Él, el Señor, es Dios; Él nos hizo, y no nosotros a nosotros mismos; pueblo suyo somos y ovejas de su prado. Entrad por sus puertas con acción de gracias, y a sus atrios con alabanza. Dadle gracias, bendecid su nombre. Porque el Señor es bueno; para siempre es su misericordia, y su fidelidad por todas las generaciones."
Salmos 100:1-5

Leer los versículos anteriores del Salmo trae alegría a nuestro corazón. Estos versículos le recuerdan al lector la gloria y la bondad de Dios y que todos le pertenecemos. Nos dice que somos sus ovejas y que debemos estar alegres sabiendo que Él nos acoge. También sabemos que Él nos ama siempre.

Como cuidador, usted se esfuerza por satisfacer las necesidades de su ser querido. Usted puede ser la persona que cocina y limpia, así como la persona que se ocupa de las necesidades personales de su ser querido. Probablemente esté con su familiar enfermo todo el tiempo. Puede ser el que lo lleve a todas las citas y tratamientos médicos. Usted puede ser el único responsable de administrar todos los medicamentos.

Pero, ¿qué sucede cuando el ser querido, para quien está trabajando tan duro y efectivamente, no está agradecido? ¿Qué sucede cuando el ser querido está enojado o amargado por su circunstancia, y parece descargar toda su ira y frustración en usted? A veces puede sentir que levanta las manos y dice: "¡Ya no puedo hacer esto!" Puede sentir que nada de lo que hace está funcionando y que el ser querido desaprueba la forma en que maneja todo.

No hay duda de que el familiar enfermo se frustrará. Están lidiando con nuevos desafíos y frustraciones todos los días. Si pierden fuerza o movilidad, podrían estar cansados de sus limitaciones físicas. Si se sienten mal durante muchos días debido a la enfermedad o tratamientos para el cáncer, es posible que estén hartos de sentirse enfermos y débiles. Su ser querido puede tener más días malos que buenos. Sin embargo, usted está haciendo un esfuerzo para que todo vaya bien y la reacción del ser querido pueda ser irritante para usted.

Por difícil que parezca en esos días, recuerde los ejemplos que Jesús nos ha dado acerca de cómo debemos servir a los demás. El Apóstol Pablo escribió los siguientes versículos a los filipenses cuando les daba instrucciones sobre cómo comportarse como Cristianos:

> *"Nada hagáis por egoísmo o por vanagloria, sino que con actitud humilde cada uno de vosotros considere al otro como más importante que a sí mismo, no buscando cada uno sus propios intereses, sino más bien los intereses de los demás." Filipenses 2: 3-4*

Si su ser querido está enojado todos los días, es posible que desee conversar cuidadosamente sobre sus propios sentimientos. Puede sugerirle que busque otro sistema para que comunique sus sentimientos en lugar de hablar con enojo. También puede hacerle saber que usted está haciendo un gran esfuerzo para asegurarse de que esté contento y cómodo, y continuará haciéndolo. En última instancia, puede haber poco o ningún ajuste en su actitud. Es difícil mantener la alegría en su propio corazón cuando siente que el ser querido es tan crítico con su trabajo. Continúe con su trabajo desafiante para su familiar enfermo, recordando que está brindando un servicio como lo haría Jesús.

Tómese el tiempo para orar y leer las Escrituras, como los versículos del Salmo anterior que levanten su espíritu. Comparta las Escrituras edificantes con su ser querido. Mantenga su corazón alegre y su mente consciente de las dificultades que enfrenta su familiar puede aliviar la tensión. El corazón de su ser querido también necesita vítores. Ore para que Dios pueda interceder y traer paz al corazón de su ser querido.

Padre celestial, gracias por enviar a su Hijo, Jesús, para mostrarnos un ejemplo de cómo vivir como Cristianos. Por favor, deme paciencia y amor en mi corazón para soportar y levantar el espíritu de mi ser querido. Amén.

Una Persona Diferente

"Pero el Señor dijo a Samuel: No mires a su apariencia, ni a lo alto de su estatura, porque lo he desechado; pues Dios ve no como el hombre ve, pues el hombre mira la apariencia exterior, pero el Señor mira el corazón." 1 Samuel 16:7

Este versículo es un pasaje en el cual Dios le estaba instruyendo a Samuel que no considerara la apariencia de las personas, sino que considerara lo que estaba en su corazón. Samuel había viajado para encontrar al futuro rey de Israel. Mientras miraba a algunos de los hombres más altos, pensó que tal vez Dios elegiría a uno de ellos para ser rey. En cambio, Dios le instruyó a ungir a David, el menor y más joven de un grupo de hermanos. El versículo no fue escrito para hacernos saber que la altura no es una consideración importante, sino que la apariencia implícita no debe ser la base del juicio. Debemos mirar el corazón de una persona. Del mismo modo, su ser querido puede haber cambiado en apariencia y personalidad. Dios quiere que todas las personas juzguen a los demás solo por lo que hay en el corazón.

Si su ser querido sufrió una lesión cerebral importante, derrame cerebral, enfermedad de Alzheimer, o si el cáncer ahora ha impactado en su mente, Dios quiere que sigamos poniendo atención a lo que sabemos que está en el corazón. El ser querido que está cuidando puede haber cambiado significativamente de muchas maneras. Su fuerza, habilidades y movilidad pueden ser diferentes a las de antes de la enfermedad o el accidente. Es posible que los cambios requieran adaptaciones y apoyos físicos para mantener la salud y satisfacer sus necesidades durante todo el día. Pero quizás el cambio más desafiante sea el que ocurre en el estado mental de una persona. Esto puede incluir cambios en su capacidad intelectual o personalidad. Su estado de ánimo puede ser muy diferente del que usted recuerda antes de la enfermedad o accidente. Todos estos cambios pueden ser muy preocupantes cuando trabaja duro para cuidar y ayudar a su ser querido.

"Porque lo que hago, no lo entiendo; porque no practico lo que quiero hacer, sino que lo que aborrezco, eso hago." Romanos 7:15

El Apóstol Pablo escribió el versículo anterior en una carta a los nuevos Cristianos de Roma. En esta parte de la carta, está informando a los lectores que el mal es difícil de combatir. Les dijo a estos nuevos creyentes que incluso cuando él se esfuerza por resistir el pecado, el pecado se apodera de su mente y de sus decisiones, y peca cuando intenta no hacerlo.

En el caso de su ser querido, aunque haya tenido conversaciones acerca de sus sentimientos y comportamiento, es posible que le cueste comportarse de manera diferente. En el devocional anterior, usted leyó sobre los seres queridos que pueden no estar agradecidos por sus esfuerzos. Además de cambios de actitud o cambios de humor, es posible que su ser querido no pueda controlar algunos de sus comentarios, arrebatos o comportamientos. En momentos como este, piense en lo que Dios le dijo a Samuel. No se deje llevar por la apariencia, sino que recuerde lo que sabe que está en el corazón de su ser querido. Es posible que su familiar enfermo no pueda mostrarle o contarle acerca de sus sentimientos más profundos, pero usted tiene recuerdos y lo conoce bien del pasado. Aférrase a esos recuerdos agradables en lugar de comportamientos desagradables.

Padre celestial, gracias por decirle a todos los creyentes que debemos buscar en el corazón de las personas. Por favor, deme la paciencia y la comprensión para cuidar a mi ser querido cuando tengan dificultades para mostrar lo que está en su corazón. Amén.

Una Montaña Rusa de Emociones

"El necio da rienda suelta a su ira, pero el sabio la reprime." Proverbios 29:11

El versículo anterior es uno de muchos versículos de consejos que se incluyen en Proverbios. El libro de Proverbios, en su mayoría escrito por Salomón, son pepitas de sabiduría que todos nosotros debemos leer y aplicar. Esta sección en particular fue escrita para aconsejar a los líderes sobre su comportamiento. Como se dijo, debemos contenernos de reaccionar o hablar cuando estamos llenos de ira y emociones.

¡Los cuidadores tienen muchas oportunidades para practicar la contención! Por ejemplo, la frustración con su ser querido, la espera de los servicios del personal médico y los cambios de última hora en la programación, los comentarios sarcásticos de su ser querido, por nombrar algunos. Pero es importante contenerse y recordar que la sabiduría debe prevalecer aun cuando nuestros ánimos estén calientes.

Durante las muchas semanas, meses o años de su trabajo como cuidador, tendrá otras oportunidades para regocijarse. Cuando las terapias médicas son exitosas, cuando su ser querido tiene un progreso en las habilidades para volver a aprender, por lo tanto, tiene un día en que se siente feliz y con mejor salud, son motivos para celebrar. Del mismo modo, tendrá momentos de lágrimas, como un diagnóstico que no esperaba, la progresión de una enfermedad o habilidades que se pierden para siempre.

El siguiente versículo escrito por el Apóstol Pablo instruye a los Cristianos que estos son los tiempos para mostrar emociones. Estas emociones, también conocidas como empatía, muestran que está caminando en los zapatos de otra persona. Usted está triste cuando están tristes y feliz cuando están felices. Esta es una manera de mostrar su apoyo y cercanía con su ser querido. También muestra la ternura de su propio corazón.

"Gozaos con los que se gozan y llorad con los que lloran." Romanos 12:15

Durante el tiempo como cuidador, sin duda ha experimentado una montaña rusa de emociones. Estos sentimientos fluctuantes pueden continuar a menos que su ser querido se estabilice y eventualmente se recupere. Sin embargo, si su ser querido tiene un diagnóstico terminal o un trastorno crónico que no mejorará, su viaje en la montaña rusa puede continuar indefinidamente.

Recuerde que incluso cuando sus emociones son variables, su amor por su ser querido debe mantenerse fuerte. Continúe haciéndole saber a su ser querido que le importa. Cuando esté cansado o triste, trabaje duro para extender la alegría a su ser querido, y encontrará más alegría en su propio corazón.

"Sobre todo, sed fervientes en vuestro amor los unos por los otros, pues el amor cubre multitud de pecados." 1 Pedro 4:8

Padre celestial, gracias por amarme siempre y tenerme en sus manos. Por favor, manténgame fuerte y ayúdeme a tener paciencia y calidez con mi ser querido. Amén

Encontrar Tiempo Para Cuidar al Cuidador

"¿O no sabéis que vuestro cuerpo es templo del Espíritu Santo, que está en vosotros, el cual tenéis de Dios, y que no sois vuestros? Pues por precio habéis sido comprados; por tanto, glorificad a Dios en vuestro cuerpo y en vuestro espíritu, los cuales son de Dios." 1 Corintios 6:19-20

El Apóstol Pablo escribió este versículo a los creyentes en Corinto. Quería que la gente supiera que no deberían contaminar sus cuerpos de ninguna manera. Estaba específicamente preocupado de que pudieran participar en conductas pecaminosas que impactaran sus cuerpos de manera negativa. Nuestros cuerpos son regalos de Dios. Como cuidador, su preocupación por su cuerpo debe ser cuidar y asegurar recibir la nutrición y el descanso que necesita. Es importante que lo considere no solo para usted, sino también para su ser querido. Cuando tiene el hábito de atender las necesidades de los demás todos los días de la semana, es fácil pasar por alto sus propias necesidades. Estar agotado, ansioso, triste, irritado y de mal genio, son todos efectos secundarios de no tener el descanso y la nutrición adecuada. Cuando usted, como cuidador, está experimentando estos estados de ánimo negativos, sus pensamientos se vuelven negativos, y todos estos elementos agregados traerán más tensión a una situación que ya es exigente.

"En medio de mi angustia invoqué al Señor; el Señor me respondió y me puso en un lugar espacioso. El Señor está a mi favor; no temeré. ¿Qué puede hacerme el hombre?" Salmos 118:5-6

Cuidarse incluye descansar su mente. Como cuidador, puede sentir una gran cantidad de angustia, ansiedad, enojo, resentimiento, frustración, así como el estrés positivo, como las celebraciones del progreso y compartir días buenos con su ser querido. Todos estos sentimientos y los frecuentes altibajos de las emociones pueden ser agotadores. Cuanto más a menudo tenga estas emociones, más agotado estará. Del mismo modo, cuanto más agotado esté, más probabilidades tendrá de tener emociones negativas que influirán en su nivel de cuidado para su ser querido. Mientras más se cuide, mejor podrá cuidar a los demás.

"Pero en cuanto a vosotros, amados, aunque hablemos de esta manera, estamos persuadidos de las cosas que son mejores y que pertenecen a la salvación. Porque Dios no es injusto como para olvidarse de vuestra obra y del amor que habéis mostrado hacia su nombre, habiendo servido, y sirviendo aún, a los santos." Hebreos 6:9-10

Por todo el arduo trabajo de un cuidador, será recordado y recompensado. Los versículos anteriores nos dicen que en el futuro, mejores cosas vendrán a nosotros debido a la gracia de Dios y al sacrificio de su Hijo. Por lo tanto, debemos recordar que el trabajo de los cuidadores es otra oportunidad de esforzarse por vivir como lo hizo Jesús. Vivir de esta manera será recompensado.

Padre celestial, mis días son largos, y mi corazón y mi mente se sienten pesados. Por favor, ayúdeme a recordar cuidar de mí mismo mientras cuido a los demás. Amén.

Viendo a mi Ser Querido Sufrir

"Y de la misma manera, también el Espíritu nos ayuda en nuestra debilidad; porque no sabemos orar como debiéramos, pero el Espíritu mismo intercede por nosotros con gemidos indecibles; y aquel que escudriña los corazones sabe cuál es el sentir del Espíritu, porque El intercede por los santos conforme a la voluntad de Dios. Y sabemos que para los que aman a Dios, todas las cosas cooperan para bien, esto es, para los que son llamados conforme a su propósito." Romanos 8:26-28

Ver a un ser querido sufrir es muy difícil. Es doloroso. Siente dolor en su propio corazón por su sufrimiento. Puede ser especialmente desafiante si usted sabe que su dolor es crónico o si el dolor proviene de una afección o enfermedad terminal.

Cuando se es testigo del dolor del ser querido, es difícil saber por qué orar. ¿Orar para que el dolor se detenga? ¿Orar por alivio? ¿Orar por la resistencia al sufrimiento? ¿Orar para que su sufrimiento termine a medida que se acerca al cielo? ¿Orar para que su viaje al cielo sea un viaje breve? En estos casos, es posible que no comprendamos realmente por lo que debemos orar. ¿Estamos orando para acortar nuestro tiempo de presenciar su sufrimiento? ¿El viaje más corto nos facilitará las cosas tanto a nosotros como a nuestro ser querido?

Los cuidadores de seres queridos con este tipo de dolor pueden estár desgarrados. Pero no hay razón para preocuparse por lo que debe orar. Como dicen los versículos anteriores, no tenemos que saber la oración correcta. Dios, a través del Espíritu Santo, sabe lo que necesitamos cuando oraramos e intercederá por nosotros. Todo lo que tenemos que hacer es permitir que el Espíritu Santo entre en nuestros corazones por completo. El dolor es profundo, y el Espíritu conoce nuestro gemido. Podemos cambiar el dolor que sentimos por nuestro ser amado, y para nuestro testimonio, ante el Espíritu Santo. El Espíritu sabe lo que nosotros, y nuestro ser querido, necesitamos.

Como los versículos, escritos por Pablo, también nos dicen, el Espíritu Santo conoce la voluntad de Dios. El Espíritu conoce el panorama general y cómo todas las cosas funcionan juntas para el bien de los creyentes en Dios, el Padre, el Hijo y el Espíritu Santo. Todas las cosas servirán a su propósito, y nosotros no somos más que los instrumentos que Él usa. Es difícil para nosotros entregar este dolor y sufrimiento, que presenciamos en nuestro ser querido, pero debemos hacerlo. Los cuidadores deben darle este dolor a Dios para que se use para el propósito que Él ha querido. No podemos conocer ese propósito en el momento en que estamos sufriendo. Todo lo que podemos hacer y debemos hacer es confiar en Él.

"Sea ahora tu misericordia para consuelo mío conforme a tu promesa dada a tu siervo." Salmos 119:76

Durante el tiempo de gran dolor y sufrimiento, los cuidadores pueden ser consolados por el amor que Dios siempre tiene por todos nosotros. Esto se nos ha prometido, por aceptar a Cristo y mantener nuestra fe fuerte, estamos consolados.

Padre celestial, gracias por amarme siempre. Gracias por brindarnos a mí y a mi ser querido la resistencia que necesitamos para este viaje. Por favor, guíeme para satisfacer las necesidades de mi ser querido. Amén.

Anhelando Respuestas

"Pero que pida con fe, sin dudar; porque el que duda es semejante a la ola del mar, impulsada por el viento y echada de una parte a otra." Santiago 1:6

Los cuidadores tienen muchas preguntas. Inicialmente, al leer en devocionales anteriores, un cuidador se preguntará "¿Por qué?" Preguntándose por qué Dios permitió que esto sucediera. Preguntándose por qué tiene que ser tan difícil. Preguntándose por qué tiene que haber tanto dolor, dificultades, tratamientos, debilidad, son algunas de tantas preguntas que se hacen los cuidadores. Estas preguntas pueden seguir dando vueltas en su mente por las noches. Estas preguntas pueden amargarlo, enojarlo, ponerlo ansioso. Pueden tentarlo a tomar ese camino de desesperación.

Tal vez las preguntas deben ser reformuladas en preguntas que reflejen su fe. En lugar de preguntar por qué tenía que suceder, replantee la pregunta a una pregunta general sobre cómo. ¿Cómo puede esta enfermedad o lesión iluminar a los demás? ¿Cómo puede esta dificultad, dolor, conflicto, lograr una fe más fuerte en usted, en su ser querido, y las personas con las que interactúan cada día? Como el versículo anterior nos dice, si tenemos dudas en Dios o en nuestra fe, seremos arrojados sin rumbo, y no encontraremos paz. Continuar aferrándose a la mano de Dios, traerá paz. Mantenerse firme en su fe y confiar en que Dios conoce el camino para nosotros traerá paz.

"Por esta razón, también nosotros, desde el día que lo supimos, no hemos cesado de orar por vosotros y de rogar que seáis llenos del conocimiento de su voluntad en toda sabiduría y comprensión espiritual." Colosenses 1:9

El Apóstol Pablo señala que él y otros creyentes comenzaron a orar por la gente de la iglesia de Colosas tan pronto como supieron de sus necesidades. En este caso, la gente de Colosas estaba siendo tentada a seguir enseñanzas que no estaban dentro de la verdadera doctrina Cristiana. Pablo oró para que estuvieran llenos de sabiduría acerca del verdadero entendimiento de Dios y Cristo Jesús.

Al igual que los nuevos creyentes, podemos sentirnos tentados a pensar que hay errores en nuestras creencias o cuestionarnos sin una comprensión verdadera. Podríamos preguntarnos por qué o por qué yo, por qué mi ser querido, cuando no sentimos la fuerza de nuestra fe. Cuando estamos cansados y nos sentimos agotados, también podemos drenarnos mental y espiritualmente. Cuando tenemos dudas, cuando nuestra fe se siente débil, podemos orar para ser llenos de sabiduría espiritual y la comprensión que Dios quiere que tengamos en nuestros corazones y mentes. Al confiar en Él, tendremos paz. Cuando tenga paz en su corazón, puede servir mejor a su ser querido.

Padre celestial, gracias por no renunciar a mí, incluso cuando mi fe es débil. Ayúdeme a confiar en Usted todos los días y a encontrar la paz a través de la confianza. Amén.

Cambios en los Medicamentos

"Sécase la hierba, marchítase la flor, mas la palabra del Dios nuestro permanece para siempre."
Isaías 40:8

Los cuidadores son testigos de muchas cosas en su función. Usted será testigo del dolor, la tristeza, la ansiedad, la progresión de la enfermedad, la disminución de las habilidades, la recuperación de habilidades, por nombrar algunos. Una cosa que puede ser bastante preocupante para los cuidadores son los cambios observables drásticos, en su ser querido, debido al cambio de medicamentos. A menudo, el personal médico revisa rápidamente los efectos secundarios o, lo que es peor, le entrega una hoja de papel con los efectos secundarios y le solicitan que indique que se le informó al respecto. Como cuidador, puede notar cambios sutiles que no se detectarán durante una visita al consultorio o una visita de una enfermera de atención médica a domicilio. Es posible que vea a su ser querido durmiendo más o durmiendo menos. Notará cambios en el apetito. Lo más preocupante es el cambio de humor o comportamiento. Para cualquier cambio que note, documentarlo y discutirlo con el personal medico, es una muy buena idea. Podría ser útil observar qué tan rápido se produjo el inicio del efecto secundario, cuánto duró y si desaparece. Es útil tener en cuenta la hora de la medicación y el comienzo del cambio del comportamiento durante su próxima reunión o llamada telefónica al médico.

El verdadero conflicto ocurre cuando se conocen los efectos secundarios, pero debe sopesar el costo y el efecto del medicamento. En otras palabras, el costo o efecto colateral es drástico, pero debe experimentarse para obtener la efectividad del tratamiento. Probablemente el razonamiento más comprendido de este costo y efectividad sea con la quimioterapia. Todos los que están involucrados saben y entienden los efectos secundarios como la pérdida de cabello, debilidad, náuseas, pero estos se ven superados por la cura de la enfermedad.

Hay muchos otros medicamentos que se administran y cuyo costo y efecto no se conocen ni comprenden. Los medicamentos impactan a las personas de manera diferente. Lo que afecta a una persona no tendrá impacto o efecto secundario en otra persona. En esto es cuando el cuidador puede ser el más útil. Tenga en cuenta los cambios que vea en su ser querido y deje que el personal médico sepa lo que notó. Puede ser que el medicamento sea el correcto pero la dosis necesita ajustarse. No importa cómo cambie el comportamiento de su ser querido, recuerde que usted conoce su corazón y también tiene conocimiento acerca de sus hábitos diarios de dormir y comer. Esta es la confianza que Dios ha puesto en sus manos; usted sabía cómo era su ser querido antes de la enfermedad y antes del cambio en la medicación.

Como dice el versículo de Isaías, muchas cosas cambian, pero Dios y la palabra de Dios siempre serán lo mismo. En esto podemos confiar. Cuando está pasando por momentos difíciles al presenciar cambios en su ser querido y trabajar con el personal médico, puede ser tedioso y preocupante. Confiando en Dios, y las Escrituras le traerán consuelo. Leer la palabra de Dios le fortalecerá y le traerá paz.

"Echa sobre el Señor tu carga, y El te sustentará;
El nunca permitirá que el justo sea sacudido." Salmos 55:22

Padre celestial, gracias por las Escrituras que me consuelan y sostienen. Guíeme mientras trabajo con el personal médico. Ayude a mi ser querido mientras trabajamos para encontrar tratamientos. Amén.

Consejos Bienintencionados

"Pero si alguno de vosotros se ve falto de sabiduría, que la pida a Dios, el cual da a todos abundantemente y sin reproche, y le será dada." Santiago 1:5

El libro de Santiago, escrito por el hermano de Jesús, comienza con un capítulo inicial que se enfoca en tener fuerza en la fe y en sus creencias. El versículo anterior les dice a todos los que creen que si dudan de su conocimiento o de la sabiduría de Dios, oren por ello. Al orar por sabiduría y por el fortalecimiento de la fe, recibirá esto.

Durante su función de cuidador, habrá numerosas ocasiones en las que se le proporcionará un asesoramiento. Algunos consejos serán de los miembros de la profesión médica. Sin duda, sus consejos se basan en muchos años de educación y experiencia. Como cuidador, querrá asegurarse de que comprende exactamente lo que los profesionales aconsejan. En devocionales anteriores, se sugirió que tome notas y haga preguntas. Este es un buen método cuando el personal le está dando consejos. Luego puede discutir todas las opciones con su ser querido, orar, razonar y decidir cuál es la mejor opción a seguir.

Además del personal médico, escuchará consejos de otras personas que tienen buenas intenciones. Algunas veces estos son otros familiares, vecinos o amigos. Ellos pueden estar dispuestos a contarle sobre sus propias experiencias con sus seres queridos o, incluso, sobre su propia vivencia acerca de una enfermedad. Esta información es interesante y puede brindarle algunas ideas sobre qué esperar u otras preguntas para el personal médico. Esta es una forma en que nosotros, como humanos, mostramos empatía por los demás. Queremos que los demás sepan que conocemos su dolor y sufrimiento. Esto puede ser muy útil. Siempre es bueno saber de otra persona que tuvo un resultado exitoso. Es menos útil escuchar los resultados no exitosos. Estos resultados proporcionan otra perspectiva sobre qué esperar. Puede ser realista para el tipo de enfermedad que su ser querido está experimentando. Pero recuerde siempre que solo Dios conoce el resultado en este punto.

Santiago continuó dando consejos en el capítulo 3. Este capítulo proporciona una guía sobre cómo mantener fuerte nuestra fe y una gran fe, y cómo escuchar y hablar con los demás. En este capítulo, Santiago le dice al lector que escuchar la sabiduría de Dios es la clave para la paz.

"Pero la sabiduría de lo alto es primeramente pura, después pacífica, amable, condescendiente, llena de misericordia y de buenos frutos, sin vacilación, sin hipocresía." Santiago 3:17

Es con la paz en su corazón y una firme creencia de que Dios es sabio, es que usted escucha a los demás. En los devocionales anteriores, puede leer sobre la sabiduría de escuchar y esperar para responder. Cuando las personas bien intencionadas brindan consejos que no son bienvenidos, es mejor dejar que expresen su opinión sobre el tema y luego responder con respeto. Aunque en su propia mente puede estar diciéndose a sí mismo que el individuo no tiene idea de qué está pasando con su ser querido, es mejor no parecer irrespetuoso. Después de todo lo dicho y hecho, querrá mantener su amistad. Recuerde que tienen buenas intenciones.

Padre celestial, gracias por guiarme mientras estoy cuidando a mi ser querido. Gracias por los amigos y familiares que intentan ayudarme compartiendo sus sentimientos y consejos. Recuérdeme reaccionar como lo hizo Jesús y ser amable con los demás. Amén.

Adaptandose a Diferentes Cuidadores

"Todos los caminos del hombre son limpios ante sus propios ojos, pero el Señor sondea los espíritus. Encomienda tus obras al Señor, y tus propósitos se afianzarán." Proverbios 16:2-3

Si su ser querido ha tenido una enfermedad, lesión o una afección durante un período prolongado, es probable que ya haya tenido interacciones con otros cuidadores que lo asistan. Estos cuidadores pueden ser profesionales entrenados en la atención domiciliaria o en terapias específicas. Pueden ser parientes o vecinos que pueden proporcionar un respiro para usted. O bien, puede compartir el cuidado con otros en turnos a lo largo de cada día. Si comenzó como el primer cuidador principal, usted y su ser querido podrían haber tenido que hacer ajustes con los demás. Quizás entrenó a otros en la administración de medicamentos u otras terapias. Si es así, le preocupa su efectividad al hacer el trabajo que usted ha estado haciendo todo el tiempo. ¿Fue el medicamento administrado en el momento correcto? ¿Se siguieron los procedimientos médicos para las terapias? ¿La otra persona llevó a cabo la tarea como se esperaba? ¿Eran tan efectivos como usted?

En algunos casos, el ser querido puede avisarle al cuidador cuando no se administraron los medicamentos ni los procedimientos correctos. En otros casos, si su ser querido prefiere que usted sea el cuidador, es posible que se queje de los demás. O bien, es posible que a usted le guste hablar largamente sobre los maravillosos tratamientos administrados por el otro cuidador y, de hecho, podrían enseñarle una o dos cosas. En todos los asuntos relacionados con otros cuidadores, es aconsejable recordar el versículo anterior de Proverbios. El Señor conoce el espíritu, es decir, la disposición mental dentro de cada persona. Dios conoce el maravilloso trabajo que está haciendo, y Él continuará haciendo planes para usted.

Al igual que con otros conflictos, es aconsejable que se tome su tiempo para hablar con el otro cuidador o con su ser querido acerca de cualquier ajuste que deba hacerse. Es posible que el otro cuidador no tenga claras las instrucciones específicas. El otro cuidador puede necesitar instrucciones repetidas o escritas en una secuencia. Y al tratar con todas las demás personas, sabemos que debemos ser respetuosos y orar por guía.

"Toda Escritura es inspirada por Dios y útil para enseñar, para reprender, para corregir, para instruir en justicia, a fin de que el hombre de Dios sea perfecto, equipado para toda buena obra." 2 Timoteo 3:16-17

En todas las situaciones como cuidadores, siempre podemos recurrir a las Escrituras en busca de ayuda e inspiración. En una carta que el Apóstol Pablo escribió a Timoteo, su alumno y creyente en Cristo, le dijo a Timoteo que, dado que toda la Escritura es de Dios, se puede usar de muchas maneras. En los versículos anteriores, Pablo le dijo a Timoteo que podemos confiar en las Escrituras para nuestro entrenamiento, de modo que podamos ser competentes en nuestro trabajo y podamos continuar haciéndolo bien. Esto es aplicable a los cuidadores. Al depender de la palabra de Dios, puede recibir inspiración, fortaleza y conocimiento para ayudarle a hacer nuestro buen trabajo.

Padre Celestial, gracias por traer a otros cuidadores para ayudar a mi ser querido. Por favor deme la orientación necesaria para continuar trabajando para mi ser querido. Amén.

Rechazando la Ayuda

"Porque el Espíritu Santo en esa misma hora os enseñará lo que debéis decir." Lucas 12:12

Jesús les estaba hablando a sus discípulos del futuro en el versículo anterior. En esta parte del libro de Lucas, Jesús advirtió a los discípulos que experimentarían interrogatorios por parte de los sumos sacerdotes y otras autoridades. Estas personas con altos cargos cuestionarían la fe de los discípulos y los acusarían de blasfemia contra Dios y la sinagoga. Pero Jesús sabía, debido a la fuerte creencia y aceptación de sus discípulos, que el Espíritu Santo los ayudaría en su momento de necesidad. Jesús quería que los discípulos confiaran en sus creencias y confiaran en su fe. Sabía que, incluso bajo una gran presión, ellos sabrían qué decir cuando se hicieran las preguntas.

Cuando un ser querido rechaza la ayuda, el cuidador puede estar en una situación difícil. La negativa puede ser de un nuevo medicamento, una cirugía, un tratamiento o una dieta recomendada. Es asombroso pensar cuántas veces, durante su rol de cuidador, ha tenido que usar la sabiduría al hablar con su ser querido. Cuando el enfermo rechaza la ayuda, necesitará sabiduría una vez más.

"El corazón del prudente adquiere conocimiento, y el oído del sabio busca el conocimiento." Proverbios 18:15

Una cosa que la Escritura refuerza en diferentes libros del Antiguo y Nuevo Testamento es el tema de buscar sabiduría antes de hablar. Este versículo de Proverbios nos recuerda no solo escuchar sino buscar respuestas antes de tomar cualquier decisión. Cuando un ser querido rechaza la ayuda, una terapia, tratamiento o medicamento, sopesar los pros y los contras, será útil. Hablar con el personal médico sobre las decisiones médicas es necesario. Si bien se necesita la opinión del personal médico, es aún más importante que le pregunte a su ser querido sobre los motivos por los que está rechazando la intervención o la ayuda. Quizás hay un aspecto del tratamiento que no le gusta que puede cambiarse. Tal vez la medicina que rechaza lo haga nauseabundo. Si es así, pregunte si hay otros medicamentos para tratar el efecto secundario o si el medicamento se puede administrar a una hora del día diferente o en diferentes dosis. Si hay una terapia que no desea, pídale a su ser querido que explique por qué y si hay algo que se pueda cambiar lo cual permita que la terapia sea más tolerable, pregunte. Estas preguntas pueden hacerse al personal médico mientras trabajan para encontrar una nueva solución.

"Enséñame buen juicio y conocimiento, pues creo en tus mandamientos." Salmos 119:66

Los cuidadores que tienen el conocimiento y la sabiduría sobre los tratamientos necesarios para sus seres queridos deberán usar su buen juicio para tomar decisiones. En el Salmo anterior, tenga en cuenta que el autor está pidiendo que se le enseñe el buen juicio y el conocimiento porque tiene fe. Debemos confiar en nuestra fe y pedirle a Dios la guía para usar un buen juicio al tomar estas decisiones difíciles. Los cuidadores pueden orar por guía cuando consideran los beneficios de administrar o suspender el tratamiento.

Padre celestial, gracias por su guía y apoyo. Por favor, acompáñeme y ayúdeme a tomar las mejores decisiones para mi ser querido. Amén.

Los Accidentes Pasan

"Porque tú formaste mis entrañas; me hiciste en el seno de mi madre. Te alabaré, porque asombrosa y maravillosamente he sido hecho; maravillosas son tus obras, y mi alma lo sabe muy bien." Salmos 139:13-14

Nuestros cuerpos están maravillosamente hechos por Dios. El cuerpo humano es fascinante desde la concepción a lo largo de la vida. Todos los sistemas generalmente funcionan sin problemas, lo que nos permite crecer, madurar, tener hijos y vivir vidas productivas. Una vez que comienza el proceso de envejecimiento, puede ser una historia diferente. Lento pero seguro, el cuerpo comienza a perder fuerza, flexibilidad y resistencia. Por más que queramos, no podemos detener el proceso de envejecimiento de estos cuerpos maravillosos.

Para su ser querido que sufre de discapacidad, enfermedad, lesión o una afección, el cuerpo no funciona como antes. Esto es frustrante y decepcionante para su ser querido y quizás para los miembros de la familia. Pero como cuidador, en este punto, usted ha descubierto la mejor manera de apoyarlo. Usted y su ser querido han pasado los días entre citas médicas, terapias y la vida diaria.

Cuando las cosas van bien, empieza a sentir el ritmo de la rutina. Es posible que tenga un horario para usted y su ser querido y muchos días se vayan sin problemas. Y entonces ocurre un accidente. Los accidentes pueden ser caídas, huesos rotos, percances con equipos o muebles, o problemas intestinales o vesicales que ocurren repentinamente. Estos baches inesperados en el camino pueden tomar mucho tiempo, requerir atención médica y pueden ser embarazosos para su ser querido. Si el accidente que ocurrió provocó una nueva lesión, esto puede causar un contratiempo en las terapias, los tratamientos y el progreso general. Ahora puede haber otra "nueva normalidad".

"Tus manos me formaron y me hicieron, ¿y me destruirás? Acuérdate ahora que me has modelado como a barro, ¿y me harás volver al polvo? ¿No me derramaste como leche, y como queso me cuajaste? ¿No me vestiste de piel y de carne, y me entretejiste con huesos y tendones? Vida y misericodia me has concedido, y tu cuidado ha guardado mi espíritu." Job 10:8-12

Cuando Job fue probado y sufrió durante tanto tiempo, se amargó y cuestionó a Dios porque le sucedieron una serie de cosas terribles. Le gritó a Dios y sintió que estaba siendo castigado. En los versículos anteriores, Job está cuestionando a Dios. Le pregunta a Dios si no fue él quien lo creó y lo hizo disfrutar de la vida al mismo tiempo. Después de varios capítulos de ira dirigidos hacia Dios, Dios le responde y le muestra la sabiduría de sus caminos. Dios explica que Él no castiga a las personas, sino que creó nuestro maravilloso mundo y nuestros cuerpos y nuestras vidas. Entonces Dios explica los milagros de la creación y maravilla tras maravilla. En ese punto, Job se arrepiente y dice los siguientes versículos:

"Entonces Job respondió al Señor, y dijo: Yo sé que tú puedes hacer todas las cosas, y que ningún propósito tuyo puede ser estorbado. '¿Quién es éste que oculta el consejo sin entendimiento?' Por tanto, he declarado lo que no comprendía, cosas demasiado maravillosas para mí, que yo no sabía." Job 42: 1-3

Al igual que Job, usted y su ser querido pueden sentir que están sufriendo una tragedia tras otra. Su ser querido puede desanimarse como Job. Puede ser difícil tener en mente el panorama general, ya que todo funciona para un plan más grande. Mantener la fe y la fortaleza durante estos tiempos difíciles es complicado. Como cuidador, puede sentirse abrumado una vez más. Puede tener pensamientos que cuestionan por qué su ser querido tiene que soportar tanto. Usted también puede sufrir debido a los accidentes que ocurren.

Solo cuando Job recibió respuesta de Dios y se dio cuenta de la magnitud del poder de Dios, el conocimiento milagroso de Dios y el amor infinito que Dios tiene para todos los hombres, recordó su propia fe. Como Job, debemos hacer lo mismo. Debemos recordar el poder, el conocimiento y el amor que Dios tiene para nosotros. Accidentes, tragedias o contratiempos adicionales no deben desviarnos de nuestra fuerte fe en Dios Padre, Hijo y Espíritu Santo. Revise las Escrituras y ore por fortaleza y orientación para satisfacer las necesidades de su ser querido.

Padre celestial, gracias por su poder, conocimiento y amor. Guíeme y deme fortaleza para servir. Por favor proteja y ayude a mi ser querido a través de este contratiempo. Amén.

Calidad de Vida

"Este es mi Consuelo en la aflicción: que tu palabra me ha vivificado." Salmos 119:50

Para los seres queridos que sufren y experimentan contratiempos, medicamentos fuertes, cirugías o procedimientos adicionales, o accidentes y tragedias, pueden comenzar a pensar en su calidad de vida. Como cuidador, también puede preguntarse si su ser querido está feliz y persevera a través de todos estos procedimientos e incidentes. Cuando estos procedimientos, medicamentos y cirugías continúan durante un largo período de tiempo, pueden agotar tanto al ser querido como al cuidador. Cada procedimiento o medicamento nuevo requiere un ajuste en el horario, la planificación y la vida cotidiana típica. Las citas adicionales de seguimiento, las citas con el personal médico y el aprendizaje para administrar nuevas terapias o medicamentos aumentan su carga.

El versículo del Salmo señala que creer en Dios y conocer la recompensa final que tenemos a través de Jesucristo nos confortará. Esto es reconfortante tanto para el ser querido como para el cuidador. Puede animar al ser querido a leer el Salmo y otros versículos de las Escrituras que son edificantes.

"Mi carne y mi corazón pueden desfallecer, pero Dios es la fortaleza de mi corazón y mi porción para siempre." Salmos 73:26

En estos tiempos de lucha, Dios es nuestra fortaleza. Leer sobre la vida que Jesús tuvo en la tierra puede recordarnos su sufrimiento por nosotros para que podamos vencer la muerte. Ganamos fuerza sabiendo que Jesús pagó el precio de cualquier delito. Podemos estar seguros de esto. Leer estos pasajes y saber que somos libres por toda la eternidad es edificante.

"En verdad, en verdad os digo: el que oye mi palabra y cree al que me envió, tiene vida eterna y no viene a condenación, sino que ha pasado de muerte a vida." Juan 5:24

"Jesús le dijo: Yo soy la resurrección y la vida; el que cree en mí, aunque muera, vivirá." Juan 11:25

Aunque la calidad de vida en la tierra puede cambiar para su ser querido, hay alegría esperándonos en el futuro para todos nosotros.

Padre celestial, gracias por enviar a su Hijo a tomar mi lugar. Gracias por la gracia que nos da como regalo. Por favor ayúdenos a mantenernos fuertes en nuestra fe y elevar nuestros corazones. Amén.

Fuerza Para Pasar a la Siguiente Fase

"Por tanto, debemos prestar mucha mayor atención a lo que hemos oído, no sea que nos desviemos." Hebreos 2:1

Los cuidadores que trabajan con un ser querido durante un período prolongado de tiempo saben una cosa con certeza: las cosas cambian. Algunos de los cambios pueden ser buenos, como avanzar en una nueva terapia o rehabilitación del movimiento físico. Algunos cambios no serán buenos, como la disminución de las habilidades físicas o mentales, la progresión de una enfermedad terminal o los cambios en el estado de ánimo o la comunicación. En todas estas cosas, usted puede estar preocupado por hacer las adaptaciones necesarias y los ajustes en el apoyo.

Para los cuidadores que trabajan con seres queridos con afecciones crónicas y terminales, el personal médico puede haberle explicado los cambios futuros. Es posible que haya leído sobre dichos cambios en Internet u otras fuentes médicas. Los amigos que han tenido parientes con condiciones similares pueden haberle contado sus propias experiencias. Algunas de las diferencias que usted ha escuchado pueden no parecer demasiado drásticas hasta que sea testigo del cambio real en su ser querido. Es posible que no esté preparado para el impacto que tendrá el cambio en su comportamiento o habilidad. Es posible que haya pensado en cómo será necesario modificar su apoyo y, luego, es posible que se sorprenda cuando ocurran estos cambios.

Con tantos ajustes y modificaciones en marcha, es fácil asimilar el pensamiento y la planificación de su ser querido. En todas las cosas, como dice el versículo de Hebreos arriba, no se aparten de su fe y caminen cerca de Dios. De hecho, en este momento, puede ser más importante que nunca recordar lo que ha leído y oído de la Palabra de Dios.

Su ser querido puede tener otra pelea con frustración o depresión a medida que sus destrezas o habilidades fluctúan. Si su ser querido ha sido cooperativo y alegre antes, este es un momento en el que usted es testigo de cambios de actitud. Junto con otros cambios en el comportamiento, usted puede frustrarce. Recuerde que no es lo que quieren hacer. Sucede que le tocó justo estar en la habitación en ese momento. También recuerde tener la sabiduría de dejar que el ser querido ventile, hable, grite o reaccione de otra manera. Mientras escucha cualquier queja o arrebato, si es posible, identifique los principales problemas del reclamo y pregunte si hay algo que pueda hacer. ¿Puede ayudalo con posicionamiento o medicación para aliviar el dolor? ¿Puede ayudarlo con la transición a una silla de ruedas? ¿Puede ayudarlo con otras preocupaciones que su familiar enfermo tenga? Incluso si no hay nada más que pueda hacer para ayudar, su ser querido sabrá que usted es paciente y que continúa amándolo y sirviéndolo.

"Con toda humildad y mansedumbre, con paciencia, soportándoos unos a otros en amor." Efesios 4:2

Padre celestial, gracias por su amabilidad y amor por nosotros. Ayúdeme a ser paciente y apoyar a mi ser querido mientras atraviesa esta transición en su condición. Amén.

¿Es Demasiado Tarde para Hacer Crecer Nuestra Fe?

"Así dice el Señor: Paraos en los caminos y mirad, y preguntad por los senderos antiguos cuál es el buen camino, y andad por él; y hallaréis descanso para vuestras almas. Pero dijeron: "No andaremos en él." Jeremías 6:16

El versículo anterior de Jeremías fue escrito durante un tiempo de conflicto entre las personas que creían en Dios y seguían las enseñanzas y las personas que no seguían las Escrituras. Aquí, Dios le dice a la gente que tome una decisión, advirtiendo que hay un buen camino y uno que no está siguiendo a Dios. Él alienta a la gente a tomar el camino correcto y allí encontrarán paz y sus almas encontrarán descanso. En esta parte particular del libro, la gente rechazó la sugerencia de Dios. Dijeron que no tomarían el camino de Dios.

Los cuidadores que están apoyando a un ser querido con una fe débil, o uno que ha declarado toda su vida que no tienen espacio para Dios o la iglesia, tienen una tarea muy difícil. Si se encuentra en esta situación, también puede comenzar a cuestionar su propia fe debido a la tensión constante que puede existir entre usted y su ser querido. Su ser querido podría estar más amargado o resentido por su condición que aquellos que tienen una fe fuerte. Esta incredulidad, del familiar enfermo, puede comenzar a causar algún daño en el cuidador.

Como en el caso de las personas en Jeremías que se rehusaron tomar el camino correcto, no puede obligar a su ser querido a leer las Escrituras, a ir a la iglesia, a escuchar sermones en la televisión ni a ninguna otra acción que no quiera hacer. De hecho, intentar forzar el problema puede causar más conflictos y disensión. Pablo hizo la siguiente recomendación a la gente en Roma sobre aquellos que eran débiles en su fe:

"Aceptad al que es débil en la fe, pero no para juzgar sus opiniones." Romanos 14:1

Puede estar preocupado por el futuro definitivo de su ser querido. Puede ser difícil darse cuenta de que esto no está en sus manos. Sin embargo, puede seguir viviendo el ejemplo que Jesús nos pidió que viviéramos. Su comportamiento, su voz, las palabras que pronuncia, pueden reflejar la vida Cristiana. Y, por supuesto, ore para que el corazón y el espíritu de su ser querido se muevan más cerca de Dios. Oremos para que, incluso en su último día en la tierra, su ser querido acepte a Jesús.

"Pero a todos los que le recibieron, les dio el derecho de llegar a ser hijos de Dios, es decir, a los que creen en su nombre." Juan 1:12

En este versículo de Juan, está claro que cualquiera que crea puede tomar la decisión de estar en el reino de Dios. Pero primero deben hacer este acto. Puede orar para que lo hagan.

Padre celestial, gracias por la oportunidad de aceptar a su Hijo y ser un hijo de Dios. Por favor, deme la sabiduría para guiar a mi ser querido si es posible. Por favor, entre en su corazón y ayúdelo a fortalecer su fe. Amén.

Paz

"Y que el mismo Señor de paz siempre os conceda paz en todas las circunstancias. El Señor sea con todos vosotros." 2 Tesalonicenses 3:16

El apóstol Pablo escribió el versículo anterior a la congregación en la iglesia de Tesalónica. El enfoque de esta carta fue para decirle a la gente el gozo que se experimentaría cuando Cristo regrese. Pablo compartía la noticia de la resurrección de Cristo, y la muerte conquistadora, dondequiera que iba. Su tarea era difundir las buenas nuevas y comenzar nuevas iglesias. Aquí, él le dice a la gente que porque creyeron y aceptaron a Jesús, vivirán en paz toda su vida.

Es difícil recordar el gozoso sentimiento de paz a través de Cristo en los días en que siente que todo es un caos. Los cuidadores frecuentemente tienen ese tipo de días. En lugar de sentir paz, se sienten agotados, nerviosos, frustrados, irritados. ¿Pero sentirse en paz? No en esos días.

Será útil encontrar unos minutos de tiempo para sentarse, respirar profundamente y recordar su enfoque como cuidador. Usted está sirviendo a su familiar para hacerle la vida más fácil. Recuerde que Dios lo llamó a este puesto y encontrará alegría en su trabajo.

Aparte del posible trabajo físico requerido por un cuidador, su rol requiere resistencia mental y energía. El aumento de energía puede ocurrir cuando está libre de ansiedad y preocupación. Como cuidador, usted sabe que la preocupación y la ansiedad están presentes en la mayoría de los días. Por eso se necesita paz en el corazón y en la mente. No puede tener paz verdadera cuando su mente está llena de preocupaciones. Por más difícil que parezca, entregar sus preocupaciones a Dios le ayudará a obtener la paz que necesita.

"Echando toda vuestra ansiedad sobre Él, porque Él tiene cuidado de vosotros." 1 Pedro 5:7

El Apóstol Pedro se dirigió a los ancianos de la iglesia primitiva en esta sección de 1 Pedro. Aquí, le está diciendo a los líderes de la fe que ellos son los pastores del rebaño de creyentes y que Dios sabe que están dispuestos a servir a los demás. Dios conoce su dedicación a su familiar y su trabajo será recompensado, por lo que no debe preocuparse, pero sepa esto, usted es amado por Dios por este trabajo.

Como cuidador, usted también está haciendo el trabajo al que está llamado a hacer. Su servicio es un ejemplo de como Cristo desea que vivan los Cristianos. Cuando sus días sean difíciles, recuerde que está viviendo una vida Cristiana y realizando un servicio en Cristo.

"Lo que también habéis aprendido y recibido y oído y visto en mí, esto practicad, y el Dios de paz estará con vosotros." Filipenses 4:9

Pablo no escribió el versículo anterior para decirle a los lectores que lo imiten porque era un buen Cristiano. Escribió este versículo a los Filipenses para recordarles que al vivir una vida Cristiana encontrarían la paz, como él lo había hecho. Los cuidadores están practicando una vida Cristiana y la paz será suya cuando la busque seriamente con su corazón y mente.

Padre celestial, gracias por enviarnos a su Hijo para que podamos tener paz eterna. Ayúdeme a entregarle mis preocupaciones para que pueda encontrar paz en mi corazón. Amén.

Terry Overton

Ser la Memoria Para Aquellos que no Pueden Recordar

"El Señor Dios me ha dado lengua de discípulo, para que yo sepa sostener con una palabra al fatigado. Mañana tras mañana me despierta, despierta mi oído para escuchar como los discípulos." Isaías 50:4

En el versículo anterior de Isaías, el pueblo de Israel se había alejado de Dios y había sufrido mucho. Muchas de las personas de Israel se enojaron y se frustraron con Dios a causa de su sufrimiento. Estaban tan involucrados en sus quejas; que no vieron que Dios todavía estaba esperando que ellos vinieran a Él con fe. Isaías estaba diciendo aquí que conocía las palabras de Dios y que estaba listo para ayudar a persuadir a quienes se quejaban. Quería usar lo que sabía para hacer que la gente volviera a escuchar a Dios. Quería ayudarlos a fortalecer su fe. La fe de Isaías era fuerte, y él confiaba en Dios. Usaría el conocimiento que Dios había provisto para ayudar a las personas a regresar a su fe.

Al igual que Isaías, su fe es fuerte mientras continúa sirviendo a su ser querido. Usted tiene el conocimiento de la Palabra de Dios y el conocimiento de la historia de su ser querido. La memoria nos puede fallar por muchas razones. Un lapso momentáneo le sucede a la mayoría de las personas de vez en cuando. Su ser querido puede tener otros problemas de memoria. Si la memoria está fallando por demencia, Alzheimer, lesión cerebral, deterioro debido al cáncer u otras enfermedades progresivas, o pérdida de memoria debido a medicamentos fuertes, es posible que tenga que ser su memoria. Puede ayudarlo en su lucha por recordar mediante el uso de imágenes, música, libros de lectura y otras ayudas visuales o auditivas. Tal como lo menciona Isaías, quizás tenga que hacerlo día tras día. Isaías escuchó a Dios mañana tras mañana. Es posible que necesite repetir cosas a su ser querido todos los días. Como su cuidador cariñoso, confían en usted. Como nuestro cuidador cariñoso, confiamos en que Dios continuará bendiciéndonos con fuerza y orientación mientras hacemos nuestro trabajo.

"Por tanto, acerquémonos con confianza al trono de la gracia para que recibamos misericordia, y hallemos gracia para la ayuda oportuna." Hebreos 4:16

Ser testigo de la pérdida de memoria de un ser querido puede ser difícil. Es cuando enfrentamos pruebas y desafíos que debemos confiar en Dios aún más. En el tiempo en que fue escrito el libro de Hebreos, los Cristianos estaban siendo perseguidos por su fe. Fueron desafiados a mantenerse fuertes en su fe y posiblemente enfrentar un castigo severo o incluso la muerte. Como se señala en el versículo de Hebreos, a estos primeros Cristianos se les dijo que tuvieran confianza cuando oraban a Dios. Incluso con los desafíos extremos que enfrentaron, necesitaban permanecer fuertes en sus creencias. Al igual que estos primeros Cristianos, debemos orar con confianza a Dios para que podamos recibir fortaleza y guía en tiempos de necesidad.

Padre celestial, gracias por estar siempre aquí para mí. Por favor, ayúdeme a permanecer fuerte en mi fe mientras trabajo con mi ser querido. Guíeme para ayudar a mi ser querido con su memoria. Amén.

Pronóstico

"Alégrate en el día de la prosperidad, en el día de la adversidad considera: Dios ha hecho tanto el uno como el otro para que el hombre no descubra nada que suceda después de él." Eclesiastés 7:14

Este versículo de Eclesiastés nos recuerda que Dios tiene el control. Cuando tenemos días buenos, es Él quien nos bendice. Cuando tengamos días de lucha, Él nos fortalecerá para enfrentar el desafío. Anteriormente en los devocionales, leyó que Dios a menudo usa las luchas para aumentar nuestra necesidad de volvernos a Él. Él no envía el mal a nuestro camino, pero podemos ser probados por diversas circunstancias en nuestras vidas. Cuando tenemos un día particularmente difícil, Dios sabe lo que está sucediendo y nos ayudará con nuestras necesidades cuando se lo pidamos. El otro concepto muy importante en este versículo es que la imprevisibilidad es la forma en que Dios nos recuerda que confiemos en Él. Él quiere que creamos en Él. Él sabe que la humanidad tiene una tendencia a no confiar en Dios cuando las cosas están bien. Él quiere que confiemos en Él cada día. Porque solo Él conoce el futuro, entendemos que el hombre no puede conocer el futuro. Solo Dios sabe lo que sucederá mañana, al día siguiente o al año siguiente. Nosotros no lo sabemos. Solo podemos confiar en Él para que nos fortalezca y nos guíe todos los días.

"No te jactes del día de mañana, porque no sabes qué traerá el día." Proverbios 27:1

Los cuidadores de seres queridos con condiciones de deterioro progresivo tienen pruebas particulares. Esto se debe a la incertidumbre de la progresión de la enfermedad. El apoyo es cada vez más importante y necesario, cuando nos enteramos que el pronóstico de la enfermedad es más grave de lo que pensábamos: "esta enfermedad no es curable". Con estas consideraciones en mente, los cuidadores de las personas con estas afecciones deben recordar que el pronóstico de un personal médico puede ser preciso, pero el tiempo restante es conocido solo por Dios. Algunas personas con estas condiciones viven muchos años, mientras que otras pueden emprender su viaje celestial en cuestión de días o semanas. Solo Dios sabe esto. ¿Cómo pueden los cuidadores hacer frente a estas preguntas?

"El Señor cumplirá su propósito en mí; eterna, oh Señor, es tu misericordia; no abandones las obras de tus manos." Salmos 138:8

Como lo dice el versículo del Salmo, continuemos cumpliendo el propósito que Dios tiene para nosotros. Confortar a un ser querido que recibe un pronóstico desfavorable sobre una enfermedad, es una de las razones por las que Dios nos asignó este papel. Estar ahí para apoyar a nuestro familiar enfermo es nuestra meta. Para esto, confiemos y creamos en Dios para guiar nuestro camino. Sabemos que, no importa lo que suceda, Dios es eterno. Como Cristianos que cuidan a sus seres queridos con problemas graves de salud, estamos haciendo el trabajo que Dios quiere que hagamos: cuidar a los débiles, los enfermos y los discapacitados. Continúe amando y cuidando a su ser querido. Lea las Escrituras en busca de inspiración y fortaleza. Y ore.

Padre celestial, no podemos conocer el futuro. Solo Usted, Padre, conoce nuestra cantidad de días y la alegría y el dolor que cada día puede traer. Por favor renueve mis fuerzas. Ayúdeme a estar al servicio de mi ser querido. Amén.

Cuando ir a la Iglesia Parece Imposible

"Así pues, ya no sois extraños ni extranjeros, sino que sois conciudadanos de los santos y sois de la familia de Dios, edificados sobre el fundamento de los apóstoles y profetas, siendo Cristo Jesús mismo la piedra angular, en quien todo el edificio, bien ajustado, va creciendo para ser un templo santo en el Señor, en quien también vosotros sois juntamente edificados para morada de Dios en el Espíritu." Efesios 2:19-22

Si usted y su ser querido asistieron a la iglesia y otras actividades de compañerismo Cristiano antes de la enfermedad o lesión, es posible que ahora no puedan hacerlo tan a menudo. Puede llegar un momento en el futuro cercano cuando sea imposible ir a su iglesia. Pero como se indica en los versículos anteriores escritos por el Apóstol Pablo, la iglesia no es realmente un edificio.

Piense en el momento en que Pablo comenzó su propio ministerio. En aquel tiempo, los edificios donde las personas adoraban y oraban eran templos y eran parte de la fe judía. También puede recordar que los primeros Cristianos, incluido Cristo mismo, fueron preparados originalmente en el conocimiento de la fe judía. Los primeros Cristianos, por lo tanto, veneraban las Escrituras de la fe judía en los templos o ellos se reunían para adorar a Jesús, orar y hablar sobre su nueva fe Cristiana en los hogares de las personas. Jesús se reunió con sus primeros seguidores, los discípulos, en casas pequeñas y cuartos superiores de las casas. Como notará entonces, no es necesario ir a un edificio específico para practicar el Cristianismo.

En los versículos anteriores, el lector puede sentir fácilmente el calor acogedor de los primeros Cristianos por las declaraciones de Pablo. Sabemos que hoy nos reunimos con otros Cristianos para mantener el compañerismo. Usted y su ser querido pueden continuar adorando y orando aunque no sea posible ir a la iglesia.

Como se señaló en los devocionales anteriores, elevará su espíritu y el de su ser querido, invitar a otros Cristianos a su hogar o al hogar de su ser querido, para compartir las Escrituras, las historias de la Biblia, la adoración y la oración. Su pastor puede desear participar en tales reuniones.

"¿Qué hay que hacer, pues, hermanos? Cuando os reunís, cada cual aporte salmo, enseñanza, revelación, lenguas o interpretación. Que todo se haga para edificación." 1 Corintios 14:26

Reunirse juntos para compartir el compañerismo puede ser una oportunidad para animarse mutuamente mientras comparte la conversación sobre su fe. Visitar a otras personas socialmente puede hacer que salgan de su mente y la de su ser querido, las pruebas de la enfermedad y la carga de las rutinas diarias. Y recuerde que el propósito de las palabras de Pablo a estos nuevos creyentes era fortalecer la fe. Estos creyentes eran nuevos en la fe Cristiana y compartir tiempo juntos para fortalecer su fe significaba que la iglesia se fortalecía y crecía. Al reunirse, esfuércese por fortalecer su fe y la de las otras personas que se reúnen con usted.

Padre celestial, sé que las personas que creen en Usted y en su Hijo, Jesús, son la iglesia. Ayúdeme a fortalecer mi propia fe y la de los demás cuando nos reunamos. Amén.

Sólo Quiero que las Cosas Sean Como Solían Ser

"Por nada estéis afanosos; antes bien, en todo, mediante oración y súplica con acción de gracias, sean dadas a conocer vuestras peticiones delante de Dios. Y la paz de Dios, que sobrepasa todo entendimiento, guardará vuestros corazones y vuestras mentes en Cristo Jesús." Filipenses 4:6-7

Ha estado administrando la salud y el bienestar de su ser querido desde hace algún tiempo. Puede haber días en que su mente retroceda a la vida que solía tener antes de la enfermedad o lesión de su familiar. Es posible que recuerde el ritmo regular de su vida diaria sin las numerosas visitas a una variedad de médicos; hospitalizaciones, tratamientos, terapias, cambios de medicamentos, asistencia física y otros cuidados. En ese momento, puede que haya pensado que su vida estaba ocupada pero pacífica. Hoy en día, su vida fluye entre crisis y falta de tiempo y entre luchas y pequeños pasos de progreso. Puede que desee que las cosas fueran como solían ser en el pasado.

No hay vuelta atrás. Usted sabe que eso es un hecho. Su ser querido puede progresar eventualmente y regresar al trabajo u otras funciones diarias o puede estar en el largo camino al cielo. De cualquier manera, las cosas han cambiado significativamente, y usted también. Puede fluctuar entre agotado y, bueno, realmente agotado. Es posible que tenga que buscar cada día para encontrar la fuerza para pasar a la siguiente fase o tratamiento. Pero usted resiste.

¿Qué puede hacer, entonces, para sentirse mejor acerca de su circunstancia? Como los versículos anteriores del Apóstol Pablo nos dicen, primero debemos estar agradecidos, orar y pedir por nuestras necesidades con gratitud en nuestros corazones. En este momento, es posible que no recuerde las muchas bendiciones en su vida. Sin embargo recuerde, la bendición más grande de todas nos fue dada:

"Porque de tal manera amó Dios al mundo, que dio a su Hijo unigénito, para que todo aquel que cree en Él, no se pierda, mas tenga vida eterna." Juan 3:16

Cuando ore, puede comenzar primero agradeciendo por la gracia que nos ha dado. Luego, solicite lo que necesita para que su día transcurra sin problemas: fortaleza, amor, paciencia y paz. Como el versículo de Romanos dice a continuación, cuando nos enfocamos solo en nuestras preocupaciones mundanas, no encontraremos paz. Fije sus pensamientos en Dios y en la paz que tenemos en Cristo Jesús.

"Porque la mente puesta en la carne es muerte, pero la mente puesta en el Espíritu es vida y paz." Romanos 8:6

Su mundo no será el mismo. Puede ser que el mundo de su ser querido no cambie o incluso se vuelva más desafiante. Pero puede recordar las bendiciones que tiene con su ser querido y apreciar estos días. Encuentre alguna cosa que los haga sonreir hoy. Pase tiempo con Dios, respire aire fresco, observe cómo vuelan los pájaros, hable con otras personas que le importan y agradezca a Dios por sus bendiciones.

Padre celestial, gracias por las muchas bendiciones que nos brinda cada día. En nuestro momento de necesidad, ayúdenos a permanecer en paz en su amor y a recordar que tenemos gozo en Cristo Jesús. Amén.

Profunda Tristeza y Depresión

"Respóndeme pronto, oh Señor, porque mi espíritu desfallece; no escondas de mí tu rostro, para que no llegue yo a ser como los que descienden a la sepultura. Por la mañana hazme oír tu misericordia, porque en ti confío; enséñame el camino por el que debo andar, pues a ti elevo mi alma." Salmos 143:7-8

Los versículos del Salmo de arriba, escritos por David, le dicen al lector que David está desesperado. En estos versículos, es fácil ver que él siente que incluso Dios no ha sido accesible. Suena angustiado en su demanda de que Dios le preste atención ahora, en este mismo momento. Se siente profundamente triste y le dice a Dios que su espíritu está flaqueando. Anhela saber que Dios está presente y pide que Dios le muestre su rostro o, en otras palabras, él está pidiendo sentir la presencia de Dios. Él pide que Dios le haga saber que un nuevo día en su fe está llegando a él. Él quiere saber con certeza que Dios lo ayudará. Él está confiando en Dios y le pide una señal o alguna forma de saber la dirección que debe tomar. Él sabe que debe depender de Dios para saber qué dirección tomar y está elevando su alma a Él para obtener una respuesta. No quiere quedarse en el abismo de la desesperación.

Es posible que en ocasiones sienta tanta depresión y tristeza por su ser querido que no sepa a dónde acudir en busca de ayuda. No olvide que siempre su pastor o consejero estarán allí para usted. Otros Cristianos pueden proporcionarle apoyo tambien. Si se siente demasiado deprimido para saber qué hacer, comuníquese con quienes puedan ofrecerle ayuda y apoyo, ya que ese es el propósito y la forma de servir a Dios de estos hermanos en Cristo. Permítales servir a Dios de esta manera, como fueron llamados a hacerlo. Ore a Dios y pídale que lo saque del hoyo de su propia desesperación. Usted también está llamado a server, apoyando a su ser querido. Para hacer esto bien, deberá pedir ayuda a otros para que pueda completar sus tareas. Ore, hable con aquellos que pueden apoyarle, y podrá salir de este tormento para servir a su ser querido con alegría en su corazón y un espíritu renovado.

"Cercano está el Señor a los quebrantados de corazón, y salva a los abatidos de espíritu." Salmos 34:18

Este versículo del Salmo, escrito por David, nos recuerda una vez más que Dios está cerca. David le dice a los demás que él sabe que Dios ha ayudado a otros que estaban desesperados, tambien. Dios siempre está con usted. Debe tomar su mano, pedirle que lo levante. Él lo salvará de su desesperación. Él está esperando que le pida ayuda.

"No se turbe vuestro corazón; creed en Dios, creed también en mí." Juan 14:1

Jesús mismo nos dijo, en este versículo del libro de Juan, que no debemos dejar que nuestros corazones estén pesados o desesperados, sino que debemos creer en Dios el Padre y el Hijo. Al creer siempre, podemos regocijarnos en nuestra victoria final y permanecer en paz en nuestros corazones.

Padre celestial, gracias por enviar a su Hijo para que podamos tener esperanza y que nuestros corazones puedan ser elevados. Mi corazón ha estado pesado, y mi alma está desesperada. Por favor, deme fuerza y esperanza mientras eleva mi corazón. Amén.

Cuando Piensa que Esto no Puede Empeorar, lo Hace

"Reconócele en todos tus caminos, y Él enderezará tus sendas." Proverbios 3:6

Algunos días, sin importar cuánto trate de brindar la atención necesaria a su ser querido, nada saldrá bien. Puede que no tenga nada que ver con el cuidado mismo por el ser querido, pero suceden otras cosas inesperadas. Usted carga, con mucha dificultad, a su ser querido para ir a la cita con el médico o a la sesión de terapia solo para darse cuenta que tiene una rueda pinchada. Una vez que hace los arreglos necesarios para el transporte y la reparación de la llanta desinflada, va camino a la cita y entonces llega sin los documentos médicos correspondientes. Intenta llamar a alguien para pedir ayuda y se da cuenta de que dejó su teléfono celular en casa cuando llamó para que vinieran a reparar el neumático. Y así continúa. Sus esfuerzos no le llevan a ningún lado. Nada va según lo planeado para el día. Finalmente llega a casa, encuentra una factura en el correo que pasó por alto y, justo en ese momento, suena el teléfono. Antes de coger el teléfono, escucha un golpe y a ser querido pidiendo ayuda en la otra habitación. ¡Este es un día con una serie de calamidades!

El versículo de Proverbios nos recuerda que si reconocemos a Dios siempre, Él hará que nuestros caminos sean rectos. Pero en los días en que nada sale bien, es difícil entender cómo su camino es recto. Usted parece estar girando sus ruedas y dando vueltas. Es en este momento que necesitamos recordar lo que está escrito en Hebreos. Jesús es siempre el mismo. Si estamos luchando, frustrados, enojados, molestos, nerviosos o simplemente cansados de lidiar con los contratiempos del día, podemos recurrir a Dios por paz.

"Jesucristo es el mismo ayer y hoy y por los siglos."
Hebreos 13:8

Diga una oración. Tómese unos minutos para unir sus pensamientos. Y lea las Escrituras, como en los versículos de Habacuc:

"Aunque la Higuera no eche brotes, ni haya fruto en las viñas; aunque falte el producto del olivo, y los campos no produzcan alimento; aunque falten las ovejas del aprisco, y no haya vacas en los establos, con todo yo me alegraré en el Señor, me regocijaré en el Dios de mi salvación. El Señor Dios es mi fortaleza; El ha hecho mis pies como los de las ciervas, y por las alturas me hace caminar." Habacuc 3:17-19

Recordar que Dios siempre está cerca y puede brindarle paz interior, incluso cuando parece que su mundo se está derrumbando a su alrededor, puede aliviarle la frustración y la exasperación. Puede pasar este día. Dios está con usted siempre. Manténgase firme.

"Por tanto, tomad toda la armadura de Dios, para que podáis resistir en el día malo, y habiéndolo hecho todo, estar firmes." Efesios 6:13

Padre celestial, gracias por su paz y fortaleza. Recuérdeme que siempre está a mi lado dándome paz en los momentos en que las cosas son caóticas. Amén.

Caminando por la Sombra del Valle

"Porque no nos ha dado Dios espíritu de cobardía, sino de poder, de amor y de dominio propio." 2 Timoteo 1:7

Los cuidadores de seres queridos con enfermedades terminales o progresivas pueden encontrar que esta enfermedad ha arrojado una nube amenazante sobre ellos durante muchos días. Puede que sepa que, en última instancia, la enfermedad se llevará a su ser querido y que su viaje a su hogar celestial será en un futuro cercano. Saber esto puede convertirse en la lente a través de la cual observa todo. Esto generará gran desesperación en sus días y su estado de ánimo será detectado por su ser querido.

Sin embargo, los cuidadores de seres queridos sin enfermedades terminales pueden tener sentimientos de ansiedad cuando éstos tienen cirugías o tratamientos severos para sus condiciones. La condición del ser querido puede significar que puede tener una predisposición a otras enfermedades o afecciones que pueden causar daño. Un ser querido discapacitado que se cae y se rompe una cadera corre el riesgo de padecer otros problemas. Un ser querido que debe tener hospitalizaciones prolongadas también corre el riesgo de contraer infecciones o virus no deseados que pueden ser desastrosos.

Estos escenarios pueden traer, con frecuencia, ansiedad y preocupación a su mente. Hay muchas cosas que considerar sobre el futuro mientras cuida a su ser querido y muchas oportunidades de experimentar gran angustia mental sobre el resultado inminente o posible. ¿Cómo puede lidiar mejor con la preocupación? El Apóstol Pablo le escribió a Timoteo, su compañero creyente más joven, a quien se dirigió en una carta, 2 Timoteo. En el versículo anterior, Pablo le dice a Timoteo que no se preocupe porque Dios le ha dado a los humanos un espíritu poderoso, lleno de amor y de autocontrol. Cuando siente que sus emociones se están desquiciando, ¿cómo puedes sentir el control? Sin duda, es difícil recordar las palabras que Pablo escribió cuando uno mismo se siente fuera de control. Pero este es el momento de recordar quién está en control. Cuando cualquiera de nosotros tome el viaje celestial a casa, este será el momento de Dios. Cuando no hay nada que pueda hacer para controlar una situación, es hora de poner su preocupación en las manos de Dios por completo. Para ayudarle a entregar esto a Dios, debe recordar que nada lo separará a usted ni a su ser querido de Cristo.

"Porque estoy convencido de que ni la muerte, ni la vida, ni ángeles, ni principados, ni lo presente, ni lo por venir, ni los poderes, ni lo alto, ni lo profundo, ni ninguna otra cosa creada nos podrá separar del amor de Dios que es en Cristo Jesús Señor nuestro." Romanos 8:38-39

Siempre recuerde, usted y su ser querido, están en las manos de Dios. Vivimos por su reloj, no el nuestro. Pase tiempo con su ser querido y aprecie las oportunidades que tiene para cuidar y amar a su ser querido y a su familia.

Padre celestial, solo Usted sabe el tiempo en que viajaremos al cielo. Gracias por la paz que me da al amarme y al darme la fuerza para servir a mi ser querido. Amén.

Distanciamiento y Diferencias Familiares

"Y si no os parece bien servir al Señor, escoged hoy a quién habéis de servir: si a los dioses que sirvieron vuestros padres, que estaban al otro lado del Río, o a los dioses de los amorreos en cuya tierra habitáis; pero yo y mi casa, serviremos al Señor." Josué 24:15

El libro de Josué describe una larga lucha entre Josué y algunas personas de Israel que fueron tentadas a adorar a otros dioses. En varios versículos en el capítulo 24, Josué les recuerda que Dios había estado protegiendo a la gente de Israel durante mucho tiempo. Eran el pueblo escogido de Dios. Él afirma, en uno de los versículos más citados de este libro, que él y su casa servirían a Dios.

Cuando su familia se enteró inicialmente de la enfermedad o la afección de su ser querido, es probable que llamaran, visitaran o se ofrecieran como voluntarios para ayudarlo en el cuidado. A medida que pasa el tiempo, semanas, meses o años, los miembros de la familia pueden alejarse. Incluso puede tener desacuerdos con algunos miembros de su familia sobre las estrategias que utiliza para servir a su ser querido o el tratamiento que usted o su ser querido seleccionaron. Es posible que tenga desacuerdos acerca de visitar, unirse a actividades familiares o incluso apoyo y recursos. Este tipo de interacciones pueden ser molestas e incluso enloquecedoras.

Es doloroso para su ser querido presenciar estas discusiones o tener a otros miembros de la familia quejándose de sus esfuerzos. Su ser querido puede sentirse molesto o incluso más enfermo si persisten las tensiones. Si estas discusiones continúan por un período prolongado, su ser querido sufrirá de conflictos a largo plazo. Esto puede afectar su calidad de vida en general.

Los miembros de su familia rara vez vienen a visitar o pueden dejar de venir por completo. Tal vez usted ha llamado e invitado a los otros miembros de la familia para que vengan en numerosas ocasiones. Los familiares pueden decir que están demasiado ocupados o decir que van a venir y nunca se presentan. No solo es un desafío tratar con esto, sino que también puede causarle tristeza y preocupación a su ser querido.

Recuerde que está sirviendo a Dios al servir a su ser amado. Es posible que deba retroceder y pensar cómo todas estas interacciones pueden tener un resultado positivo. Si es evidente que la familia no se involucrará con su ser querido de una manera útil, es hora de poner en primer lugar los sentimientos de su ser querido e intente llenar los huecos con felicidad. Pregúntele al ser querido si hay alguna actividad que le gustaría hacer en días específicos o establezca una fecha para hacer una excursión corta. Pasen tiempo de calidad haciendo algo interactivo y agradable juntos. Cuando esté agotado, pídale a Dios que le ayude y le de fuerzas cada día.

Las familias son complicadas. No hay una familia de TV mágica en la que todos los miembros vivan juntos en armonía, colocando los deseos de cada uno por encima de los suyos. Pero puede tener armonía en su propio entorno siempre poniendo a Dios primero y sirviendo a su ser querido como sabe que Él querría.

También podrá encontrar la paz si puede perdonar a los miembros de su familia y agradecer a Dios que es usted quien pasa estos importantes días con su ser querido. A pesar de que usted y los miembros de su familia pueden estar en desacuerdo, todavía son familia. Usted tiene amor en su corazón para aquellos que estarán allí cuando las cosas se calmen. No participe en interacciones donde predomina el enojo lo cual aumentarán las emociones negativas y la tensión. Siempre vuelva su mirada al amor de Cristo Jesús para recordar cómo Él quiere que nos tratemos unos a otros.

"Un mandamiento nuevo os doy: que os améis los unos a los otros; que como yo os he amado, así también os améis los unos a los otros. En esto conocerán todos que sois mis discípulos, si os tenéis amor los unos a los otros." Juan 13:34-35

Padre celestial, gracias por mostrarme cómo vivir enviando a su Hijo como ejemplo. En mis días difíciles, por favor deme fuerza y paz en mi corazón. Ayúdame a brindar una atención alegre a mi ser querido. Amén.

Estoy Aquí para Ti (Incluso Cuando Necesito Descansar)

"Y ahora pregunta a las bestias, y que ellas te instruyan, y a las aves de los cielos, y que ellas te informen. O habla a la tierra y que ella te instruya, y que los peces del mar te lo declaren. ¿Quién entre todos ellos no sabe que la mano del Señor ha hecho esto, que en su mano está la vida de todo ser viviente, y el aliento de toda carne de hombre?" Job 12:7-10

Conoce las luchas de Job. Sufrió mucho durante un largo período de tiempo. Su fe era fuerte incluso en sus debilidades. Los versículos anteriores son parte de una conversación que estaba teniendo con sus amigos. Él estaba demostrando su postura a estos amigos de que incluso los animales y toda la creación saben que todo está en las manos de Dios. Esto incluye su conocimiento de nuestro sufrimiento y su fortaleza y guía para dirigirnos a través de nuestras pruebas.

Los cuidadores se vuelven débiles, cansados y oprimidos. El trabajo de un cuidador es como ningún otro. Ser cuidador de un recién nacido es exigente, pero en el cuidado de un bebé con un desarrollo típico, existe el conocimiento del crecimiento, la mejora de las habilidades, el aprendizaje, la risa y la independencia. En el trabajo de un cuidador, puede haber una pérdida de habilidades, independencia y mucha frustración y llanto. En un niño con una condición de discapacidad, el dolor puede crecer a medida que el niño va creciendo, cuando se da cuenta de las marcadas diferencias entre los otros niños y la condición de su hijo. En aquellos con enfermedades o condiciones progresivas, usted es testigo del deterioro. Los días no están llenos de gozo con la esperanza de avanzar al siguiente paso de la independencia.

A medida que lee en devocionales anteriores y probablemente ha experimentado en profundidad, el cuidado a veces es un trabajo solitario. Cuando necesita que alguien más lo ayude a trasladar a su ser querido desde el punto A al punto B, no hay ayuda. Cuando desea que alguien más pueda cambiar la ropa de cama o preparar una comida, no hay ayuda. Día tras día de este trabajo y la soledad es agotador. Se siente exhausto.

Su ser querido sabe que usted está dando todo de sí para satisfacer sus necesidades. Su trabajo no pasa desapercibido para su ser querido o para Dios. Pero aun así, algunos días usted piensa que está demasiado cansado para seguir. Le gustaría y necesita, más descanso. Pero de alguna manera, sorprendentemente, cuando su ser querido le llama, está nuevamente en pie. Pueden pasar días sin un "agradecimiento" o "Me alegra que esté aquí ayudándome". Pero está haciendo el trabajo que Jesús dijo que deberíamos hacer. Cuando Él habló a los seguidores acerca de cómo Dios determinaría el juicio, dijo los siguientes versículos escritos en Mateo:

> *Entonces el Rey dirá a los de su derecha: "Venid, benditos de mi Padre, heredad el reino preparado para vosotros desde la fundación del mundo. "Porque tuve hambre, y me disteis de comer; tuve sed, y me disteis de beber; fui forastero, y me recibisteis; estaba desnudo, y me vestisteis; enfermo, y me visitasteis; en la cárcel, y vinisteis a mí." Entonces los justos le responderán, diciendo: "Señor, ¿cuándo te vimos hambriento, y te dimos de comer, o sediento, y te dimos de beber? "¿Y cuándo te vimos como forastero, y te recibimos, o desnudo, y te vestimos? "¿Y cuándo te vimos enfermo, o en la cárcel, y vinimos a ti?" Respondiendo el Rey, les dirá: "En verdad os digo que en cuanto lo hicisteis a uno de estos hermanos míos, aun a los más pequeños, a mí lo hicisteis."" Mateo 25:34-40*

Cuidar es hacer exactamente lo que Jesús quiere que haga. Él sabe que usted es quien puede satisfacer las necesidades de su ser querido. Él conoce el amor y la determinación que tiene en su corazón. Estos son los días de cavar profundo en su corazón, su mente y sus reservas de energía. Estos son los días de poner una sonrisa en su cara cansada, arremangarse las mangas y dar lo mejor que tiene. Para esta resistencia y fortaleza, recuerde otro versículo de Mateo:

"Pero Jesús, mirándolos, les dijo: Para los hombres eso es imposible, pero para Dios todo es posible." Mateo 19:26

Padre celestial, gracias por darme la fuerza que necesito. Me complace ser el cuidador de mi ser querido. Continúe dándome fuerza y resistencia para seguir el ejemplo establecido por Jesús. Amén.

Dios está Aquí

"¿Soy yo un Dios de cerca —declara el Señor— y no un Dios de lejos? ¿Podrá alguno esconderse en escondites de modo que yo no lo vea? —declara el Señor. ¿No lleno yo los cielos y la tierra? —declara el Señor."
Jeremías 23:23-24

El versículo anterior de Jeremías es uno en el que Dios nos dice que Él puede estar con nosotros incluso cuando pensamos que estamos lejos de Él. Le dijo a Jeremías que Él está en todas partes en el cielo y en la tierra. No hay lugar, ni sala de hospital, ni sala de espera, ni un momento oscuro de la noche cuando está ayudando a su ser querido ir a la cama, en la que Dios no esté presente. Para los creyentes en Dios, Él está con nosotros siempre.

Puede haber días en que se sienta derrotado, abrumado y cargado cuando no siente la presencia de Dios. En esos días, en la oscuridad de una noche cansada, tal vez tenga que buscarlo. Esto lo puede hacer para calmar su corazón y su mente. Lea los versículos de la Biblia si no está demasiado cansado. Diga oraciones silenciosas a Dios desde lo profundo de su corazón. Búsquelo.

"Pero desde allí buscarás al Señor tu Dios, y lo hallarás si lo buscas con todo tu corazón y con toda tu alma."
Deuteronomio 4:29

En el versículo anterior de Deuteronomio, Dios inspiró a Moisés a decirle al pueblo de Israel que deben seguir buscando a Dios. La gente se desvió, y en este libro, vemos que Dios no tolera los falsos profetas o enseñanzas. Él le dice a Moisés que está presente, pero la gente debe buscarlo solamente a Él.

Para los cuidadores que sienten que no pueden sentir la presencia de Dios, es útil leer las Escrituras, orar y pensar acerca de la gracia y la paz de Dios. Ore por fortaleza y guía, para traer de vuelta su fe y sentir la presencia de Dios. Ore por fuerza para continuar cuidando a su ser querido como Cristo cuida a quienes creemos en Él.

*"En cuanto a mí, me mantienes en mi integridad,
y me afirmas en tu presencia para siempre." Salmos 41:12*

David escribió esta parte del Salmo cuando había estado luchando contra diferentes problemas. Él sabía que incluso en la niebla de las pruebas, porque se aferraba firmemente a Dios y a su fe, Dios continuaría bendiciendo y manteniendo a David en su presencia. Los cuidadores se enfrentan a juicio tras juicio y deben mantener su fe fuerte. Busque la presencia de Dios.

Padre celestial, gracias por estar en mi mundo. Ayúdeme siempre a recordar su presencia y a buscarle cuando me sienta débil en mi fe. Amén.

Recalibración de la Felicidad

"Sé que no hay nada mejor para ellos que regocijarse y hacer el bien en su vida." Eclesiastés 3:12-13

Como Cristianos, podemos preguntarnos acerca de nuestra parte en el plan más grande de Dios para nuestras vidas. Preocuparnos por el futuro y por el cuidado de nuestro ser querido puede hacer que dejemos de prestar atención a la visión más amplia que Dios tiene para nosotros. En los versículos anteriores de Eclesiastés, Salomón le dice a la gente que no hay nada mejor para pensar o hacer que las buenas obras. Agrega que debemos continuar estas buenas obras todos los días de nuestras vidas.

Como cuidador, puede disfrutar el trabajo que realiza cada día. No hay mejor regalo para una persona que alguien pueda cuidarle cuando no puede cuidarse a sí misma. ¿A quién más recurrirían? Se han vuelto hacia usted. Esto puede ser una cuestión de preferencia, o necesidad, de que usted sea su cuidador. En cualquier caso, disfrute de su trabajo, esto agrada a Dios y a su ser querido. Durante algún tiempo, entonces, su felicidad puede ser medida por una métrica diferente. Ya no está preocupado por los logros mundanos. Ahora está enfocado en brindar un ambiente de amor y apoyo para su ser querido.

En el siguiente versículo, una vez más, Salomón le dice a la gente que deben regocijarse en su trabajo, porque eso es lo que se ha planeado que hagan. Le recuerda a la gente que no hay manera de ver más allá de lo que están haciendo actualmente en esta vida. Es un recordatorio una vez más de que no podemos conocer los planes de Dios. Solo Dios puede determinar lo que nos espera.

"Y he visto que no hay nada mejor para el hombre que gozarse en sus obras, porque esa es su suerte. Porque ¿quién le hará ver lo que ha de suceder después de él?" Eclesiastés 3:22

Los cuidadores pueden tener muchos días de inconvenientes ya que brindan servicio a un ser querido. A medida que lee los devocionales anteriores, las prioridades cambian, su mundo se vuelve más pequeño y más enfocado, y puede estar agotado y sentirte solo. El Apóstol Pablo sufrió mucho por su trabajo para Cristo. Fue torturado, perseguido y golpeado. Recuerde las palabras del Apóstol Pablo a continuación sobre su capacidad para encontrar satisfacción en tiempos difíciles:

"Por eso me complazco en las debilidades, en insultos, en privaciones, en persecuciones y en angustias por amor a Cristo; porque cuando soy débil, entonces soy fuerte." 2 Corintios 12:10

Cuando empiece a sentir frustración, fatiga o desesperación, recuerde cómo otros sufrieron y encontraron paz a través de las palabras de Cristo Jesús.

Padre celestial, gracias por recordarme la alegría a través de Cristo Jesús y al leer sus palabras inspiradas. Ayúdeme a encontrar paz y satisfacción sirviendo a mi ser querido. Amén.

Frustración

*"Y no nos cansemos de hacer el bien, pues a su tiempo,
si no nos cansamos, segaremos." Gálatas 6:9*

Sin duda puede ser agotador y frustrante continuar las tareas de cuidado día tras día. También es exasperante trabajar tan duro y no recibir una palabra de agradecimiento o reconocimiento. Pero debe continuar. Como ha leído en otros devocionales, tómese un descanso cuando sea posible. Sin embargo, después de un período prolongado de tiempo, incluso los descansos pueden no ser tan útiles como antes. ¿Qué va a hacer?

Este es el momento, tan necesario, para reunirse con otros. Piense en alguien a quien pueda llamar por teléfono para venir a tomar una taza de café o visitarlo. Incluso cuando sienta frustración, continúe haciendo lo correcto para su ser querido. Eso ya lo sabe. Y también sabe que no se rendirá aunque esté viajando por un camino muy largo. Al igual que otros devocionales que ha leído, usted sabe que es más fácil compartir la carga, aunque solo sea compartiendo socialmente. Los sentimientos de agotamiento, frustración y no ser apreciados pueden acumularse. No lo permita. Aborde estos sentimientos cuando sienta que lo están agotando.

En el versículoo anterior escrito por el Apóstol Pablo a los Gálatas, los alentó a continuar aunque no obtuvieran una recompensa en el tiempo presente. Les recordó a estos nuevos creyentes que su recompensa sería eventualmente suya en Cristo Jesús. En momentos en que sienta frustración y agotamiento, pídale a Dios que le brinde la fuerza y la paz a su corazón para continuar con su trabajo.

*"Por tanto, fortaleced las manos débiles y las rodillas
que flaquean, y haced sendas derechas para vuestros pies,
para que la pierna coja no se descoyunte, sino que se
sane. Buscad la paz con todos y la santidad, sin la cual
nadie verá al Señor." Hebreos 12:12-14*

Es probable que también haya sentido sus manos caídas y sus rodillas débiles, pero, como nos dice el versículo anterior, debemos continuar por el camino recto y llevarnos bien con los demás. En este momento, puede encontrar la compañía de otros cristianos especialmente útil. Recuerde que nos encargamos de cuidarnos unos a otros. Los hermanos Cristianos pueden ser útiles para aliviar el estrés y brindarle un descanso necesario. Pídale a otros miembros de la familia que lo ayuden, dándole un respiro para que pueda refrescarse y cuidar de su ser querido. Y ore pidiendo fortaleza y paciencia. Siempre aprecie los días que tiene con su ser querido.

Padre celestial, gracias por brindarme la fuerza para servir a mi ser querido durante todo este período de tiempo. Por favor ayúdeme ahora a soportar y descansar en su paz. Amén.

Para los Seres Queridos con Enfermedades Terminales

"En la casa de mi Padre hay muchas moradas; si no fuera así, os lo hubiera dicho; porque voy a preparar un lugar para vosotros." Juan 14:2

Es probable que reconozca el versículo anterior como una cita de Jesús a los discípulos. Él estaba hablando con los discípulos antes de enfrentar la crucifixión. Él sabía lo que venía. Los discípulos creyeron firmemente en Jesús, pero realmente no entendieron lo que les estaba diciendo. Los discípulos no sabían cómo moriría Jesús. Ciertamente no entendieron la resurrección hasta que sucedió. Pero aquí, Jesús quería que supieran que algo iba a suceder que cambiaría todo. Sin embargo, no debían preocuparse, porque Él iba a ser crucificado por ellos y luego, más tarde, se unirían a Él. Él iba adelante para preparar un lugar para los discípulos y para todos los creyentes. En muchos sentidos, los humanos tienen las mismas preocupaciones y ansiedades con respecto a la muerte. No sabemos cómo sucederá, pero sabemos que sucederá. Si su ser querido tiene una enfermedad terminal, una que eventualmente lo llevará a su hogar celestial, usted no sabe exactamente cuándo o cómo sucederá eso. Estos son asuntos que solo Dios sabe. Al igual que los discípulos, sabemos que no debemos preocuparnos, pero a menudo es difícil enfrentar la muerte y no preocuparnos por los detalles.

Incluso para aquellos que han sufrido meses, o años, con enfermedades terminales, no estamos "listos" para que la enfermedad tenga finalmente su consecuencia. Ver el deterioro durante un período tan prolongado puede encontrarle orando por el alivio de su ser querido. Orando por el alivio del dolor, la tristeza, la preocupación. Y cuando llega la muerte, usted aún así ,no está preparado.

El dolor vendrá, y ahora el dolor será suyo. Sentirá el desconsuelo en su corazón porque la vida que estuvo compartiendo con su ser querido, cuidando, apoyando y alentando, ha terminado. Sentirá el vacío en su propio corazón.

Será un desafío sentir paz y alegría nuevamente en su corazón. Usted sabe que su ser querido ya no sufre de dolor y lo repetirá a si mismo una y otra vez. Pero llorará. Este es el momento para que busque apoyo. Busque a su familia, amigos, otros Cristianos y a su pastor. Siempre busque las Escrituras para consolarse y para mantener su fe fuerte.

En el siguiente versículo, Jesús estaba consolando a sus discípulos porque estaban preocupados por lo que les estaba diciendo acerca de su muerte inminente. Él los consoló diciéndoles que lo volverían a ver y que la alegría sería asombrosa. Explicó que la alegría sería sorprendente y nadie sería capaz de quitar ese gozo.

Piense en su ser querido en el viaje final y no olvide que todos los Cristianos tendrán la vida eterna en el cielo.

"Por tanto, ahora vosotros tenéis también aflicción; pero yo os veré otra vez, y vuestro corazón se alegrará, y nadie os quitará vuestro gozo." Juan 16:22

Padre celestial, gracias por bendecir mi vida al darme a mi ser querido. Por favor ayude a mi corazón a ser fuerte y permanecer firme en la fe. Amén.

Regocijándose Siempre

"Pero vemos a aquel que fue hecho un poco inferior a los ángeles, es decir, a Jesús, coronado de gloria y honor a causa del padecimiento de la muerte, para que por la gracia de Dios probara la muerte por todos." Hebreos 2:9

Su papel como cuidador durante este largo período ha sido de trabajo, paciencia, resistencia y quizás dolor. A través de todas las pruebas, usted sabe que los Cristianos celebran el don de la gracia y la vida eterna otorgados por la muerte y resurrección de Cristo Jesús. Esto es una realidad siempre, incluso en los días cuando no se le ocurre nada más para celebrar. Regocíjece sabiendo que Dios el Padre le ha cuidado a usted y a su ser querido al darnos el mejor regalo de todos. Por esto, siempre podemos regocijarnos a través del dolor, la tristeza y la frustración.

Quizás su ser querido haya experimentado o pronto experimentará su viaje al hogar celestial. Durante muchos días después de este evento, es posible que sienta una gran tristeza. Como humanos, esta es una respuesta perfectamente natural. Su ser querido ya no está con usted para compartir su tiempo. Como Cristianos, sabemos que Dios ha planeado este ciclo de vida para nosotros, de esta manera, eventualmente, podamos tener paz y alegría eterna. Nuestro cuerpo puede ser colocado en la tierra, pero nuestro espíritu está en las manos de Dios.

"Entonces volverá el polvo a la tierra como lo que era, y el espíritu volverá a Dios que lo dio." Eclesiastés 12:7

"En lo cual os regocijáis grandemente, aunque ahora, por un poco de tiempo si es necesario, seáis afligidos con diversas pruebas." 1 Pedro 1:6

A medida que los días pasan uno tras otro, continúa con su vida con los recuerdos de su muy apreciado ser querido a quien cuidó y apoyó en su momento de necesidad. Su tristeza disminuirá un poco cada día hasta que note que se siente mejor, aferrándose a la fe en Cristo Jesús de que su ser querido está en paz.

Es posible que tenga un momento de gran necesidad en el futuro. Sin duda, durante su experiencia como cuidador, cuestionó cuál sería su propio destino en el futuro. Todas estas preocupaciones y preguntas ya son conocidas por Dios, en cuyas manos colocamos nuestra fe, amor y esperanza. Por lo tanto, debido a que tenemos a Dios y a su Hijo en nuestros corazones, siempre podemos regocijarnos sin importar qué más podamos experimentar en la vida. Recuerde que para todos los creyentes en la gracia concedida por Cristo Jesús, nos uniremos a nuestro maravilloso y amoroso Salvador a la hora señalada. En ese momento, nos alegraremos más allá de la comprensión terrenal. Agradezca la oportunidad de recorrer el camino de un cuidador mientras sostiene la mano de Dios.

"Me darás a conocer la senda de la vida; en tu presencia hay plenitud de gozo; en tu diestra, deleites para siempre." Salmos 16:11

Padre celestial, gracias por el maravilloso regalo de la vida eterna que me ha dado a través de su Hijo, Cristo Jesús. Gracias por la bendita oportunidad de ser cuidador de mi ser querido. Deme paz y ayúdeme a regocijarme en su amor siempre. Amén.

Epílogo

Querido lector,

Su rol de cuidador puede continuar más allá de los días en que leyó este libro devocional. Continúe confiando en las Escrituras, ore y esfuércese por sentir la alegría en su corazón que cada día nos da Cristo Jesús. Vuelva a los temas de este devocional que le sean útiles. Consulte la Tabla de Temas para Cuidadores en el Apéndice para ubicar los versículos específicos utilizados para los temas de este devocional.

Si su ser querido ha experimentado su último viaje a casa, tenga en cuenta que lloraré con usted por su pérdida. Ore por fortaleza para continuar su propio camino de vida. Participe en reuniones con su familia, amigos y otros Cristianos que lo apoyarán en este momento.

Bendiciones para usted y su familia,

Terry Overton

Apéndice

Lista de Temas Para los Cuidadores		
Tema	**Título del Devocional**	**Pasajes de las Sagradas Escrituras**
Aprendiendo sobre la condición del ser querido	Nada es Igual: el Día que su Mundo Cambió	Josué 1:9 Salmos 119:114
Manejo y comprensión de la información de los médicos	Informes Médicos	Gálatas 6:2 Salmos 25:4-5
Negación / incredulidad	Incredulidad	Jeremías 29:11 Deuteronomio 31:8
¿Por qué nos sucedió esto?	¿Por Qué? La Pregunta no Respondida	Proverbios 3:5 Isaías 55:9 1 Crónicas 16:11
Su difícil papel	Cruzando el Mar Turbulento	Isaías 43:2 Salmos 54:4
Regocijándose en Dios	Una Luz en la Oscuridad	Salmos 118:24 1 Juan 4:18 Salmos 5:11
El ser querido no comprende;	Los Ojos Miran Pero no Entienden	2 Corintios 5:7

Lista de Temas Para los Cuidadores		
Tema	Título del Devocional	Pasajes de las Sagradas Escrituras
Alzheimer, Golpe Coma, Medicamentos		Hebreos 11:1
Sentirse abandonado	¿Estoy Solo?	Deuteronomio 31:6 Santiago 5:13
Cuando el ser querido no puede hablarle	Preguntándose Acerca de sus Pensamientos	Salmos 46:10 Juan 14:27
Cuando el ser querido tiene desafíos físicos	Luchando Físicamente para Hacer las Cosas Básicas de la Vida	Lucas 14:12-12 Filipenses 2:4
Sentirse solo en el cuidado de su ser querido	Soledad Todos los Días	1 Pedro 5:8 Salmos 40:16
Mantenerse positivo	Esperanza	Romanos 8:24-25 Salmos 39:7 Salmos 71:14
Tristeza y depresión como cuidador	Tristeza	Salmos 34:18 2 Corintios 4:8-9
Compañerismo con los Cristianos	¿A Quién Recurrir?	Colosenses 2:2 Mateo 18:20

Lista de Temas Para los Cuidadores		
Tema	Título del Devocional	Pasajes de las Sagradas Escrituras
Dar y recibir comentarios positivos.	¿Cómo Puede Hablarle a la Gente?	1 Tesalonicenses 5:11 Salmos 54:4
Dios está siempre con usted	Soledad	Salmos 38:9 1 Juan 4:23
Doble Responsabilidad	Lo que Una Vez Fue Hecho por Dos Ahora Debe ser Hecho por Uno	Hebreos 12:11 Lucas 14:28
Fuerza para llevar a cabo	Estoy Tan Cansado ... Por Favor, Dios, Deme Fortaleza	Mateo 11:28-30 Isaías 40:31
Fe	Fe	1 Corintios 2:5 Romanos 10:17 Hebreos 11:6
Pruebas en nuestras vidas	Alegría en el Sufrimiento	Santiago 1:2-4 Santiago 1:12 Salmos 28:71 Corintios 2:5
Falta de libertad	Sintiéndose Encarcelado	Filipenses 2:14 2 Corintios 3:17 Salmos 118:5

Lista de Temas Para los Cuidadores		
Tema	Título del Devocional	Pasajes de las Sagradas Escrituras
Interacciones con otros	Dejar que los Profesionales Hagan su Trabajo	Proverbios 12:15 Proverbios 19:20 Juan 17:4
La otra persona siempre primero	Las Prioridades Cambian	Colosenses 3:2 Santiago 3:13 1 Juan 4:19
Enojado con Dios	Sintiendo Ira Hacia Dios	Job 27:2 Romanos 12:9
Decisiones desconocidas	Nuevas Decisiones	2 Timoteo 1:13 Proverbios 15:22 2 Tesalonicenses 3:13
Lamentar	Cosas que Desearía Haber Dicho	Eclesiastés 7:10 Proverbios 16:33 Eclesiastés 5:20
Noches sin dormir	Noches Más Largas	2 Corintios 11:27 Filipenses 4:6-7 Jeremías 31:25
Menos exposición a mi mundo anterior	Mundo Más Pequeño	Romanos 8:18 Salmos 34:19

Lista de Temas Para los Cuidadores		
Tema	Título del Devocional	Pasajes de las Sagradas Escrituras
Manteniendo la esperanza en su corazón	Indefenso Pero No Sin Esperanza	Romanos 15:4 Salmos 34:15 Romanos 15:13
El tiempo es corto	Es hora de hacer todo	Santiago 4:13-15 Salmos 90:12 Salmos 90:15
Necesidad de que la familia ayude	Apoyo Familiar	1Tesalonicenses 5:14 Filipenses 1:6
Preocupaciones financieras	Recursos Para Satisfacer Nuestras Necesidades	Filipenses 4:11-12 Filipenses 4:19
Depresión	Nada Para Sonreír	Salmos 23: 1-6 Salmos 3:3
El ser querido no puede hablar	Sin Hablar, Sin Compartir	Salmos 71:9 Hebreos 4:12 Salmos 90:10
Sentirse débil y cansado	Dependiendo Físicamente de los Demás	Isaías 40:29 Salmos 121:3 Salmos 73:26

Lista de Temas Para los Cuidadores		
Tema	Título del Devocional	Pasajes de las Sagradas Escrituras
Caminar, vestirse, alimentarse	Habilidades Básicas	Santiago 3:1 Efesios 6:7 Lucas 6:31
Luchando para resistir	Nadie Sabe lo que Estoy Pasando	1 Tesalonicenses 5:18 Hebreos 13:16 Efesios 6:10
Felicidad	Encontrar Alegría en Pequeñas Cosas	Filipenses 4:4 Salmos 33:21 Juan 15:9-11 Salmos 4:7
Descansar lo suficiente	Un Minuto Para Sentarse	Éxodo 34:21 Eclesiastés 4:6 Salmos 127:2 Proverbios 3:24
Ingratitud	Cuando sus Esfuerzos no Son Apreciados	Salmos 100:1-5 Filipenses 2:3-4
Cambio de personalidad	Una Persona Diferente	1 Samuel 16:7 Romanos 7:15
Inestabilidad del humor	Una Montaña Rusa de Emociones	Proverbios 29:11 Romanos 12:15

Lista de Temas Para los Cuidadores		
Tema	Título del Devocional	Pasajes de las Sagradas Escrituras
		1 Pedro 4:8
Cuidados personales del cuidador	Encontrar Tiempo Para Cuidar al Cuidador	1 Corintios 6:19-20 Salmos 118:5-6 Hebreos 6:9-10
Viendo a su ser querido sufrir	Viendo a mi Ser Querido Sufrir	Romanos 8:26-28 Salmos 119:76
Fortalecer la fe	Anhelando Respuestas	Santiago 1:6 Colosenses 1:9
La estabilidad del ser querido	Cambios en los Medicamentos	Isaías 40:8 Salmos 55:22
Conflicto con los que "creen saber" lo que es mejor para su ser querido	Consejos Bienintencionados	Santiago 1:5 Santiago 3:17
Cambios en el personal	Adaptándose a Diferentes Cuidadores	Proverbios 16:2-3 2 Timoteo 3:16-17
El ser querido no coopera	Rechazando la Ayuda	Lucas 12:12 Proverbios 18:15 Proverbios 119:66
Caídas y otros percances	Los Accidentes Pasan	Salmos 139:13-14 Job 10:8-12

Lista de Temas Para los Cuidadores		
Tema	**Título del Devocional**	**Pasajes de las Sagradas Escrituras**
		Job 42:1-3
Preguntas de calidad de vida	Calidad de Vida	Salmos 119:50 Salmos 73:26 Juan 5:24 Juan 11:25
Resistencia y fe	Fuerza Para Pasar a la Siguiente Fase	Hebreos 2:1 Efesios 4:2
Preguntandose acerca de su Fe	¿Es Demasiado Tarde Para Hacer Crecer Nuestra Fe?	Jeremías 6:16 Romanos 14:1 Juan 1:12
Paz	Paz	2 Tesalonicenses 3:16 1 Pedro 5:7 Filipenses 4:9
Pérdida de memoria	Ser la Memoria Para Aquellos que no Pueden Recordar	Isaías 50:4 Hebreos 4:16
Pronóstico	Pronóstico	Eclesiastés 7:14 Proverbios 27:1 Salmos 138:8
Reuniones Cristianas	Cuando ir a la Iglesia Parece Imposible	Efesios 2:19-22 1 Corintios 14:26

Lista de Temas Para los Cuidadores		
Tema	Título del Devocional	Pasajes de las Sagradas Escrituras
Pensando en el pasado	Sólo Quiero que las Cosas Sean Como Solían Ser	Filipenses 4:6-7 Juan 3:16 Romanos 8:6
Tristeza y depresion	Profunda Tristeza y Depresión	Salmos 143:7-8 Salmos 38:18 Juan 14:1
Tratando con la frustración	Cuando Piensa que Esto no Puede Empeorar, lo Hace	Proverbios 3:6 Hebreos 13:8 Habacuc 3:17-19 Efesios 6:13
Preocupación por la muerte	Caminando por la Sombra del Valle	2 Timoteo 1:7 Romanos 8:38-39
Conflictos familiares	Distanciamiento y Diferencias familiares	Josué 24:15 Juan 13:34-35
Agotamiento y resistencia	Estoy Aquí para Ti (Incluso Cuando Necesito Descansar)	Job 12:7-10 Mateo 25:34-40 Mateo 19:26
Dios esta cerca	Dios está Aquí	Jeremías 23:23-24 Deuteronomio 4:29 Salmos 41:12

Lista de Temas Para los Cuidadores		
Tema	Título del Devocional	Pasajes de las Sagradas Escrituras
Alegría	Recalibración de la Felicidad	Eclesiastés 3:12-13 2 Corintios 12:10
Frustración y agotamiento	Frustración	Gálatas 6:9 Hebreos 12:12-14
Ansiedad respecto a la muerte	Para los Seres Queridos con Enfermedades Terminales	Juan 14:2 Juan 16:22
Finalizando las responsabilidades como cuidador	Regocijándose Siempre	Hebreos 2:9 Eclesiastés 12:7 1 Pedro 1:6 Salmos 16:11

OTHER RELEVANT BOOKS

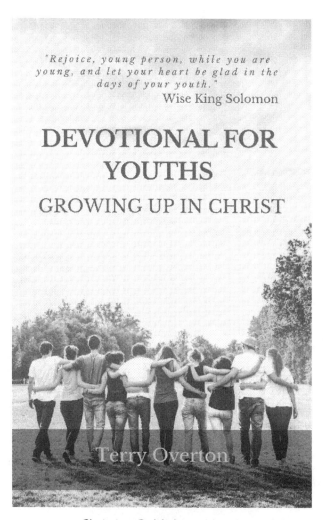

"Rejoice, young person, while you are young, and let your heart be glad in the days of your youth."
Wise King Solomon

DEVOTIONAL FOR YOUTHS
GROWING UP IN CHRIST

Terry Overton

Christian Publishing House
ISBN-13: 978-1-945757-90-7
ISBN-10: 1-945757-90-6

"If any of you lacks wisdom, let him ask God, who gives generously to all without reproach, and it will be given him."
JAMES 1:5

DEVOTIONAL FOR THOSE COPING WITH TRAGEDY

A JOURNEY BACK TO GOD

Terry Overton

Christian Publishing House

ISBN-13: 978-1-945757-92-1

ISBN-10: 1-945757-92-2

"ALL SCRIPTURE IS INSPIRED BY GOD AND PROFITABLE
FOR TEACHING, FOR REPROOF, FOR CORRECTION, FOR
TRAINING IN RIGHTEOUSNESS"—2 TIMOTHY 3:16

REASONABLE
FAITH

Saving Those
Who Doubt

EDWARD D. ANDREWS

Christian Publishing House

ISBN-13: 978-1-945757-91-4

ISBN-10: 1-945757-91-4

Heather Freeman &
Edward D. Andrews

THIRTEEN
REASONS WHY
YOU SHOULD
KEEP LIVING

When Hope and
Love Vanish?

Christian Publishing House

ISBN-13: 978-1-945757-47-1

ISBN-10: 1-945757-47-7

THE OUTSIDER

Coming-of-Age In
This Moment

EDWARD D. ANDREWS &
JEFFREY JORDAN

Christian Publishing House

ISBN-13: 978-1-945757-60-0

ISBN-10: 1-945757-60-4

For I delight in the law of God, in my inner being, but I see in my members another law waging war against the law of my mind and making me captive to the law of sin that dwells in my members.—The Apostle Paul (Rom. 7:22-23)

WAGING WAR

A Christian's Cognitive Behavioral Therapy Workbook

Heather Freeman

Christian Publishing House

ISBN-13: 978-1-945757-42-6

ISBN-10: 1-945757-42-6

GOD WILL GET YOU
THROUGH THIS

Hope and Help for
Your Difficult Times

EDWARD D. ANDREWS

Christian Publishing House
ISBN-13: 978-1-945757-72-3

ISBN-10: 1-945757-72-8

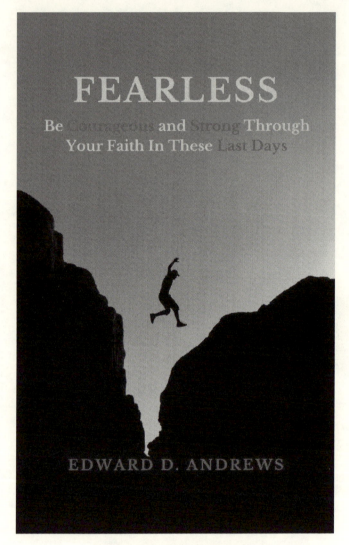

Christian Publishing House
ISBN-13: 978-1-945757-69-3

ISBN-10: 1-945757-69-8

Christian Publishing House

ISBN-13: 978-1-945757-74-7

ISBN-10: 1-945757-74-4

Bible Principles

TURN OLD HABITS INTO NEW HABITS

Why and How the Bible Makes a Difference

EDWARD D. ANDREWS

Christian Publishing House

ISBN-13: 978-1-945757-73-0

ISBN-10: 1-945757-73-6

Christian Publishing House

ISBN-13: 978-1-945757-86-0

ISBN-10: 1-945757-86-8

Author of Over 75 Books

PROMISES OF GOD'S GUIDANCE

God Show Me Your Ways, Teach Me Your
Paths, Guide Me In Your Truth and Teach Me

EDWARD D. ANDREWS

Christian Publishing House
ISBN-13: 978-1-945757-87-7

ISBN-10: 1-945757-87-6

Christian Publishing House

ISBN-13: 978-1-945757-88-4

ISBN-10: 1-945757-88-4

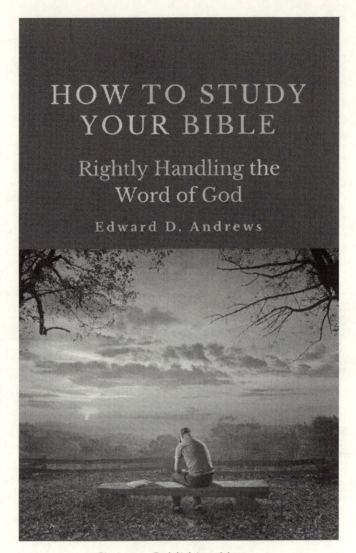

HOW TO STUDY YOUR BIBLE

Rightly Handling the
Word of God

Edward D. Andrews

Christian Publishing House
ISBN-13: 978-1-945757-62-4

ISBN-10: 1-945757-62-0

Christian Publishing House
ISBN-13: 978-1-945757-75-4

ISBN-10: 1-945757-75-2

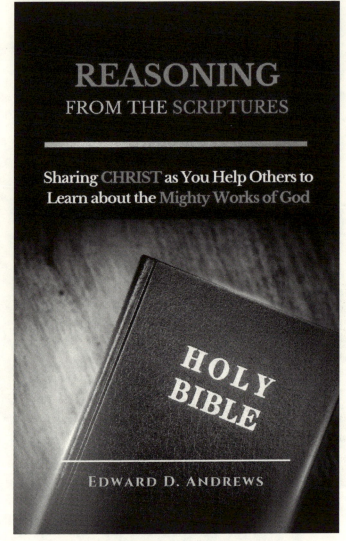

REASONING
FROM THE SCRIPTURES

Sharing CHRIST as You Help Others to
Learn about the Mighty Works of God

HOLY
BIBLE

EDWARD D. ANDREWS

Christian Publishing House
ISBN-13: 978-1-945757-82-2

ISBN-10: 1-945757-75-2

THE EMPATHY CHRONICLES

Rejoice With Those Who rejoice, Weep With Those Who Weep, and Suffer With Those Who Suffer

Terry Jamieson

Christian Publishing House

ISBN-13: 978-1-945757-35-8

ISBN-10: 1-945757-35-3

Foreword by Norman L. Geisler

JUDY SALISBURY

REASONS FOR FAITH

THE FIRST APOLOGETIC GUIDE FOR CHRISTIAN WOMEN ON MATTERS OF THE HEART, SOUL, AND MIND

Updated and Expanded Second Edition

Christian Publishing House

ISBN-13: 978-1-945757-43-3

ISBN-10: 1-945757-43-4

Manufactured by Amazon.ca
Bolton, ON

38819019R00104